Das Haus des Lebens

Thomas Ridder

„Das Haus des Lebens"

Eine Einführung
in Geschichte und Gestaltung
des jüdischen Friedhofs
in Aschkenas

Borken 2009

Abbildung auf der Rückseite:
Jüdischer Friedhof in Dorsten (Foto: Thomas Ridder)

© Thomas Ridder, Borken 2009

Herstellung und Verlag:
Books on Demand GmbH, Norderstedt
ISBN 978-3-8391-2978-4

„Zu den lächerlichen Unwahrheiten,
die Juden über sich verbreiten lassen,
gehört ja die Rede vom Wandervolk der Juden.
Ließe man sie einmal in Ruhe,
sie gingen nicht mehr vom Fleck.
Wo die Gräber ihrer Vorfahren sind,
da spüren sie ihre Wurzeln,
da sind sie zu Hause.“

Arnold Zweig, 1936

1 Einleitung

Es ist nicht sicher, dass der Mensch, wie man immer angenommen hat, dass einzige Lebewesen ist, das von seiner Sterblichkeit weiß. Dagegen ist er das einzige, das seine Toten bestattet. Dadurch unterscheidet er sich sogar von den ihm vorausgehenden Hominiden, von denen manche bereits Feuer und Werkzeuge gekannt haben. Der erste Mensch, der Homo Sapiens, - der Jäger und Sammler - ist denn auch der erste gewesen, der seine Verstorbenen in Grabstellen, in regelrechten Gemeinschafts- und fraglos auch Familiengräbern beisetzte: unseren mehr als vierzigtausend Jahre zurückreichenden ältesten Friedhöfen. Seither ist der Friedhof oder das Grab das dauerhafte Zeichen menschlichen Treibens und Daseins und legt Zeugnis ab von einer stetigen Beziehung zwischen Tod und Kultur.[1] Heinrich Heine sagte einmal: „Unter jedem Grabstein liegt eine Weltgeschichte."[2]

In allen Epochen waren die Vorstellungen, die der Mensch vom Tode entwickelt hat, für Form und Sinngehalt der Grabgestaltung von entscheidender Bedeutung. Dabei spiegeln sich die religiös-geistigen Grundzüge, aber auch die profan-philosophischen Strömungen bestimmter Kulturen und einzelner Epochen im Kult des Grabes wider.

Die mittelalterliche Bezeichnung des Grabmals, Monument oder Memoria, deutet auf einen der beiden wesentlichen Aspekte des Totenkultes hin: die Erinnerung an den Verstorbenen zu sichern, d.h., ihm ein Denkmal zu setzen, um ihn vor der Anonymität und dem Vergessenwerden zu bewahren. Die Bedeutung des Erinnerungsmals wurde in allen Epochen sogar als so entscheidend angesehen, dass sich viele, vor allem bedeutende Persönlichkeiten, ihr Grabmal bereits zu Lebzeiten selbst setzten.

Vorstellungen von einem Weiterleben nach dem Tode, wie sie schon in antiken Kulturen, bei Ägyptern, Griechen und Römern auftauchen, dann vor allem das jüdische und das christliche Todesverständnis, das den Glauben an die Auferstehung der Toten und das Ewige Leben einschließt und damit dem Tod einen höheren Sinn gibt, sind der zweite entscheidende Aspekt, der sich in Typus und Thematik des Grabes wi-

---

[1]) Philippe Ariès, Geschichte des Todes. 4. Aufl. München 1989. S. 7.

[2]) „Denn jeder einzelne Mensch ist schon eine Welt, die mit ihm geboren wird und mit ihm stirbt, unter jedem Grabstein liegt eine Weltgeschichte [...]" – Heinrich Heine, Werke und Briefe in zehn Bänden. Hrsg. von Hans Kaufmann. 2. Aufl. Berlin und Weimar 1972. Bd. 3. S. 260. (Reisebilder Dritter Teil. Reise von München nach Genua.)

derspiegelt. Die Personalisierung des Toten durch Inschrift und zum Teil bildliche Vergegenwärtigung ist von entscheidender Bedeutung für das Wachhalten des positiven irdischen Wirkens, das als Voraussetzung für das nach dem Tode Kommende gesehen wird. Darüber hinaus soll das Grabmal in seiner die Zeit überdauernden Gestalt auf die himmlische Ewigkeit hinweisen.[3]

Neben den christlichen Friedhöfen, die das Bild der Sepulkralkultur in Europa wesentlich geprägt haben, gab es nicht nur im Deutschen Reich[4], sondern auch in anderen Ländern Mittel- und Südeuropas seit dem frühen Mittelalter und später auch in Osteuropa zunehmend jüdische Friedhöfe. Zu den ersten Einrichtungen, die eine jüdische Gemeinde schaffen möchte, gehört die Anlage eines Friedhofs. Die würdige Bestattung und die dauerhafte Ruhe der Toten zählen seit biblischen Zeiten zu den geradezu selbstverständlich gewordenen Geboten des menschlichen Zusammenlebens. Sollte eine Gemeinde vor der Frage stehen, entweder eine Synagoge oder einen Friedhof einzurichten, so vertreten manche Halachisten die Ansicht, dass die Einweihung eines Friedhofs der Synagoge vorzuziehen sei, wenn der gemeinsame Gottesdienst z.B. in einem Privathaus durchgeführt werden könnte.[5] Der öffentliche Friedhof wird vom Charakter her der Synagoge gleichgestellt. Beides sind Gemeinschaftseinrichtungen, die dem religiösen Dienst der Gemeinschaft dienen. Sie sollen daher in gleicher Weise und Würde behandelt werden.

Die jüdischen Friedhöfe lagen jedoch nie an so exponierten Orten wie es die christlichen Kirchhöfe taten, sondern befanden sich außerhalb geschlossener Siedlungen. Von seinem äußeren Erscheinungsbild unterscheidet sich der jüdische Friedhof sehr von den christlichen Begräbnisplätzen. Die Anlage und Gestaltung eines jüdisches Friedhofs wird durch

---

[3] Alte Friedhöfe in Münster. Geschichte - Kunstgeschichte. Katalog der Ausstellung im Stadtmuseum Münster. Münster 1987. S. 61.

[4] Nach alter jüdischer Tradition wird Deutschland im Hebräischen Aschkenas genannt. Dies beruht auf einer rabbinischen Deutung des Namens in der Bibel (Gn 10,3 u. Jer 51,27). Aschkenasische Juden sind somit alle west-, nord-, mittel- und osteuropäische Juden, die nicht sefardischer Abstammung sind. Der Begriff *aschkenasisch* wird auf alle Juden bezogen, die auf das franko-deutsche Judentum zurückgehen, sowie auf ihre Riten, Gebräuche, Texte, Melodien, auf die Aussprache des Hebräischen usw. - Vgl. Werner Weinberg, Lexikon zum religiösen Wortschatz und Brauchtum der deutschen Juden. Hrsg. von Walter Röll. Stuttgart-Bad Cannstadt 1994. S. 51.

[5] Ernst Roth, Zur Halachah des jüdischen Friedhofs. Teil 1. In: Udim. Zeitschrift der Rabbinerkonferenz in der Bundesrepublik Deutschland. Bd. IV. Frankfurt a.M. 1973. S. 97-120. Hier S. 101.

die religionsgesetzlichen Bestimmungen genau geregelt. Daher war dieser für kunstgeschichtliche und weltliche Strömungen nur bedingt zugänglich. In ihrer äußeren Gestaltung blieben die Friedhöfe deshalb bis in das 19. Jahrhundert hinein zumindest oberflächlich betrachtet unverändert.

Ähnlich wie die Menschen, die auf den Friedhöfen die letzte, ewig währende Ruhe finden sollten, waren die Begräbnisplätze immer wieder das Ziel antijüdischer Ausschreitungen und damit Verwüstungen und Zerstörungen ausgesetzt. Doch mit dem Wiederaufbau oder der Neubildung einer Gemeinde entstand immer auch ein neuer Friedhof. Friedhofszerstörungen und Vandalismus haben nicht nur im Mittelalter und zur Zeit des Nationalsozialismus die Gräber bedroht, sondern zu allen Zeiten bis zum heutigen Tag. Wenn es in früherer Zeit religiöse Motive waren, so gab es in den Zwanziger Jahren dieses Jahrhunderts bereits Vandalismus aus politischen Gründen. Daran hat sich bis heute nichts geändert.

Einem in der christlichen Kultur aufgewachsenen Besucher erschließt sich ein jüdischer Friedhof nicht so ohne weiteres. Obwohl die sehr umfangreichen Grabsteininschriften viel über die bestatteten Personen erzählen, erschließen sie sich den meisten Besuchern wegen der hebräischen Sprache nicht. Auch die von den heutigen kommunalen oder christlichen Friedhöfen abweichende bzw. fehlende gärtnerische Gestaltung ruft bei manchen nichtjüdischen Betrachtern Befremdung oder gar Ablehnung hervor.

Neben den wenigen Synagogen, die all die Stürme, Hetzkampagnen und schließlich auch die Pogromnacht vom 9. November 1938 überstanden haben, sind vor allem die zahlreichen jüdischen Friedhöfe ein äußeres Zeichen für die Geschichte des Judentums. In ihnen wird die ganze Tradition des Judentums deutlich, aber auch ihre Stellung zur Gesellschaft in der sie lebten. Oftmals blieben nur die Friedhöfe als letzte Zeugen einer einstmals großen jüdischen Gemeinde bestehen. Sie zu pflegen und zu erhalten ist nicht nur aus Respekt vor der jüdischen Religion und den begrabenen Menschen eine ehrenvolle Pflicht, sondern auch aus Respekt vor den großen kulturellen Leistungen, die Deutschland den deutschen Juden zu verdanken hat.[6]

---

[6]) Zur gegenwärtigen Problematik der jüdischen Friedhöfe in Deutschland und zum Umgang mit ihnen: Michael Brocke, Erbe und Aufgabe. Jüdische Friedhöfe in der Bundesrepublik Deutschland. In: Tribüne, 23. Jg., H. 92, 1984. S. 67-76.

2 Zeugnis einer Kultur

Die Juden, der jüdische Glaube, die jüdischen Gemeinden bildeten über Jahrtausende hinweg einen integralen Bestandteil der Kulturgeschichte, auch der europäischen. Ihr Status in der Geschichte schwankt von Jahrhundert zu Jahrhundert, sogar von Jahrzehnt zu Jahrzehnt: Geachtet, geduldet, vertrieben, ermordet und wieder zurückgeholt. Wenn es die Umständen erlaubten, leisteten sie ihren Beitrag zur kulturellen Entwicklung, zur Kultur- und zur Wirtschaftsgeschichte der Staaten, in denen sie lebten. Vor allem aber entwickelten sie eine eigene religiöse und soziale Kultur.

So alt das Judentum ist, so alt sind auch Anfeindung und Vertreibung, so alt aber auch die noch heute geltenden Gesetze und Bräuche des jüdischen Lebens: Gesellschaftliche Spielregeln ebenso wie hygienische und kultische Vorschriften. Auf der Bibel fußend sind es die Traditionen der biblischen und nachbiblischen Zeit, die das Judentum geformt haben. Aus mündlichen Überlieferungen wurden Schriften, vor allem der Talmud, der im 5. Jahrhundert nach Christi niedergeschrieben wurde.

Die jüdische Tradition hegt das Leben. Die Tora und ihre Lehren wurden Israel gegeben „auf dass du lebst", und „nicht, dass du durch sie stirbst." Der Tod hat keine Tugend, denn „die Toten können ihn [Gott] nicht mehr preisen; sie sind dort, wo man für immer schweigt" (Psalmen 115,17). Nichtsdestoweniger ist die jüdische Tradition realistisch, was den Tod anbetrifft. „Denn Erde bist du, und zu Erde kehrst du wieder" (Gen. 3,19), „aber die Seele kehrt zu Gott zurück, der sie gegeben hat" (Kohelet 12,7). „Das Ende des Menschen ist das Sterben ... und alles ist für den Tod bestimmt", sagte Rabbiner Jochanan.[7] Einfacher ausgedrückt: Wir alle werden sterben. Die Welt, in der wir leben, wird als ein Vorzimmer zu einer anderen Welt betrachtet. Der Glaube an ein Weiterleben in der kommenden Welt, in welcher der Mensch gerichtet wird und in der seine Seele weiter lebt, gehört zu den Grundideen jüdischen Denkens. „Ganz Israel hat Anteil an der künftigen Welt".[8]

Friedhöfe als Bestattungsorte einer jüdischen Gemeinde hat es in biblischer Zeit nicht gegeben. Sie entwickelten sich erst später. Dagegen

---

[7]) Berakhoth 17a. Der Babylonische Talmud. Bd 1. Berlin 1930. S. 73.
[8]) Ganz Israel hat Anteil an der zukünftigen Welt, denn es heißt: „Und dein Volk - sie sind allesamt Gerechte, für immer werden sie besitzen das Land." - Die Mischna. Text, Übersetzung und ausführliche Erklärung. IV. 4-5. Sanhedrin. Makkot. Gießen 1933. S. 265.

existierten schon immer Familiengräber. Es gab stets das Bestreben, mit den Vätern bzw. den Vorfahren im Tode vereint zu sein. Als Bestattungsform ist seit ältesten Zeiten die Erdbestattung üblich. Sie steht im direkten Zusammenhang mit dem Glauben an die körperlich verstandene Auferstehung. Verbrennungen kamen nur in Pestzeiten vor. Selbst während der Phase der „Hochemanzipation" kam es nur vereinzelt zu Feuerbestattungen.[9] Das traditionstreue Judentum wendet sich bis heute entschieden gegen die Einäscherung. Rabbiner Ernst Roth nennt in einem Aufsatz zur Halacha des jüdischen Friedhofs vier Gründe: 1. die Verbrennung verstößt gegen das biblische Gebot, das eine Erdbestattung fordert; 2. die Verbrennung kommt einer Leichenschändung gleich; 3. sie zerstört die Sühne, die, nach der Überlieferung, an die Einbettung des Körpers in die Erde und den Beginn seiner Umwandlung geknüpft ist; 4. sie demonstriert gegen den Glauben an die Auferstehung.[10]

Für streng traditionsgläubige Juden ist ein Friedhof, auf dem Aschenreste beigesetzt sind, rituell unzulässig. Die Konsequenz heißt für sie dann entweder Einrichtung eines besonderen Begräbnisfeldes innerhalb des bestehenden oder die Anlage eines eigenen Friedhofs. Ernst Roth merkt allerdings an, dass die Frage, ob die Urne überhaupt auf einem jüdischen Friedhof bestattet werden darf, und wenn ja, ob sie auf einen gesonderten Teil beigesetzt werden muss, keine halachische, sondern vielmehr eine religionspolitische Frage ist.[11]

Nach den Geboten der Halacha, der Sammlung von religiösen Ge- und Verboten des Judentums, gehört jedem Toten der Boden auf ewig, in dem er begraben ist. Die Ehre der Toten, die wehrlos sind, ist ein religiös-ethisches Gebot. Beschäftigt man sich mit den Grundlagen des Judentums, so wird einem schnell deutlich, wie sehr jedes Antasten eines Grabes, jedes Handanlegen an Grabsteine oder Friedhofsanlagen die Juden als Schändung, als Stören der unantastbaren Totenruhe empören muss. Dabei ist es zunächst gar nicht ausschlaggebend, ob dies ein Dummer-Jungen-Streich ist oder mehr. Ist es aber eine bösartige Verwüstung,

---

[9] Auf einigen Friedhöfen, z.B. in Berlin-Weissensee oder auf dem neuen Friedhof in Prag, wurden erstmals in den 20er Jahren Bestattungsfelder für Urnen eingerichtet. Es wurden jedoch gesonderte Felder ausgewiesen. In Prag gab es für das Urnenfeld sogar eine eigene Zeremonialhalle.

[10] E. Roth, Zur Halachah des jüdischen Friedhofs. S. 113.

[11] E. Roth, Zur Halachah des jüdischen Friedhofs. S. 114. - Peter Melcher, Weissensee. Ein Friedhof als Spiegelbild jüdischer Geschichte in Berlin. Berlin 1987. S. 40/41. - Frantisek Kafka, Neuer Jüdischer Friedhof. Prag 1991. S. 25.

so muss im Geiste jedes jüdischen Bürgers die Erinnerung an die ganze Geschichte seiner Vorfahren und natürlich vor allem an die Gräueltaten des Naziregimes auferstehen. An diese so schmerzliche Zeit wird er aber auch erinnert, wenn er vor einem ungepflegten Friedhof steht; wird ihm dort doch bewusst, dass es keine oder kaum Nachkommen der hier bestatteten Toten gibt, die die Einhaltung der Totenruhe ebenso gewährleisten wie die Pflege der Friedhofsanlage. Ein jeder, der einen Friedhof betritt, sollte sich vergegenwärtigen, dass der Ort, den er betritt, heiliger Boden ist. Von einem männlichen Besucher wird daher erwartet, dass er, wie in der Synagoge, eine Kopfbedeckung trägt.

Auf sehr alten jüdischen Friedhofsanlagen, wie z.B. den Gräbern im Kidrontal bei Jerusalem oder einzelnen Gräbern auf dem alten Prager Judenfriedhof, aber auch bei heute noch genutzten Anlagen bestehender jüdischer Gemeinden, wird die gesamte Fläche des Grabes durch einen liegenden Grabstein gekennzeichnet, um den stark verunreinigten Raum abzugrenzen. Insbesondere gilt dies für die Priester (Kohanim), d.h. Nachkommen des Aaron, die besonders starken Reinheitsvorschriften unterworfen sind. Im Mittelalter zeigt sich, wohl auch durch die enge und bedrängte Situation der Judenstädte bedingt, der Trend, Grabsteine wie auf christlichen Friedhöfen senkrecht zu stellen. Da Friedhöfe ebenfalls aufgrund des Platzmangels oft mehrmals belegt werden mussten, was aber wiederum aufgrund talmudischer Bestimmungen nur mit einer Zwischenschicht von ca. 1 m Erde möglich war, ergibt sich dann das uns heutigen, nichtjüdischen Betrachtern meist seltsam anmutende wirre Bild jüdischer Friedhöfe. Erst im 19. Jahrhundert, nach der Emanzipation und Säkularisierung des Judentums in Mitteleuropa, finden wir Friedhöfe, die den zeitgleich entstehenden christlichen und kommunalen in Vielem entsprechen.

3 Der Friedhof in der christlichen Gesellschaft

Die europäische Friedhofskultur ist seit der Christianisierung durch die Ideen und Lehren des Christentums geprägt worden. Die Friedhöfe, die uns heute in den Städten begegnen, sind zwar immer öfter nicht mehr konfessionsgebunden, stehen aber weiterhin in der christlichen Tradition. Dieser christliche Friedhof hatte im Laufe der Jahrhunderte viele Gesichter. Mal prägte ein starkes Repräsentationsbedürfnis die Gestaltung der Gräber, zu anderen Zeiten bestimmte die Anonymität des Grabes den Charakter eines Friedhofs. Der mittelalterliche Friedhof hat keinerlei Ähnlichkeit mit dem, was wir heute unter Friedhof verstehen. Er ist ein öffentlicher Ort, ein manchmal von lärmendem Leben erfüllter Platz, wo die Menschen Verabredungen treffen, sich versammeln, beispielsweise nach Schluss der Messe. Wie die Kirche, von der er sich nicht trennen lässt, ist der im Zentrum des öffentlichen Raumes gelegene Friedhof ein wichtiger Ort der Geselligkeit. Er ist zu einem gemeinschaftlichen Raum von Toten und Lebenden geworden, in dem sich die Präsenz der Toten schließlich, ohne das man das beabsichtigt hätte, nur noch ziemlich zurückhaltend bemerkbar macht. Eine solche Vermischung von Lebenden und Toten charakterisiert die Gesellschaft unserer lateinischen Christenheit bis zum 18. Jahrhundert.

Wenn sich aber die Lebenden auf dem Friedhof so zuhause fühlen, was wird dann aus den Toten? Von einigen Gräbern oder Knöchelchen abgesehen, treten sie an der Oberfläche kaum mehr in Erscheinung. Die Grabstätten wurden übereinander geschichtet. Die Individualität ging mehr und mehr verloren. Zunehmend verzichtete man auch auf die Benutzung von Särgen. Die Leichname wurden direkt in die Erde gesenkt. Auch waren die Skelette nicht dazu bestimmt, am Ort ihrer ersten Bestattung zu verbleiben. Was für den Menschen dieser Zeit zählte, war nicht die Inbesitznahme eines bestimmten individuellen Platzes *in aeternum*, sondern die Übereignung seines Leichnams an die Kirche, die damit nach ihrem Belieben schalten und walten konnte, sofern sie ihn nicht aus den Grenzen ihres geweihten Territoriums und aus ihrem Schutz entließ. Eben deshalb maß man der genauen Lage der Grabstätten so wenig Bedeutung bei, bemühte man sich kaum, sie durch ein Grabmonument oder eine Inschrift kenntlich zu machen. Und deshalb nahm auch keiner Anstoß daran, wenn die Kirche die Gebeine umbettete. Die alten, ausgetrockneten Skelette wurden exhumiert, um Platz für neue Leichname zu schaffen, und manchmal umstandslos in den Beinhäusern zusammen gekarrt. In der Mehrzahl der Fälle aber sammelte man die Gebeine im Sinne der Anatomie, sichtete sie und fügte sie wieder zusammen: die Schädel auf der einen, die Schienbeine auf der anderen Seite. Diese Sammlungen wurden zudem oft noch kunstvoll angeordnet. Später verwahrte man die Gebeine nicht mehr nur hinter verschlossenen Türen, sondern öffnete diese so genannten Beinhäuser für interessierte Besucher.[12]

---

[12]) Philippe Ariès, Bilder zur Geschichte des Todes. München 1984. S. 29.

Im Verlauf des 18. Jahrhunderts geraten die Dinge in Bewegung. Der Friedhof wird zum Problem. Aufgeklärte Geister weisen auf die Gesundheitsgefährdung durch die großen Massengräber mitten in der Stadt hin. Allerseits beginnt man sich auszumalen, wie der Friedhof der idealen Stadt auszusehen hat. Die Anlage der Friedhöfe außerhalb der Stadt bekommt schon zur Wende vom 18. zum 19. Jahrhundert in verschiedenen Konzepten einen neuen Sinn. Ihre Entfernung von der Stadt schlägt nicht nur zugunsten der Stadt aus, die von einer Verschmutzungsquelle befreit wird. Sie macht auch den Friedhof vom Verfall, von der Unzulänglichkeit und vom Elend der Stadt unabhängig. Diese Verlegung der Friedhöfe, die des weiteren mit dem neuen Bedürfnis in Erscheinung trat, ein individuelles, endgültiges und mit der Stelle der Beisetzung zusammen fallendes Grab zu finden, ließ vielerorts völlig neue Friedhofsmodelle entstehen.[13]

Die Natur bzw. ihre Einbindung nahm bei den Planungen und Ausgestaltungen der Friedhöfe einen immer breiter werdenden Raum ein. Die Bestattungstheoretiker waren um 1800 der Ansicht, dass „das Grab, um die Auferstehung vorwegzunehmen, möglichst vergänglich sein soll."[14] Das Interesse galt also mehr und mehr dem Friedhof als einem Stück Natur, das dem Todesgedanken und der Melancholie gewidmet ist, das von Zypressen oder Pappeln umgeben, sich von der Welt der Lebenden absetzt und als ein Bereich der Erinnerung einerseits, als eine Mahnung andererseits für sich bleibt.

Der neue Friedhof liegt außerhalb der Stadt. Er ist als Park, als öffentlicher Garten entworfen, der dem Spaziergänger zugänglich ist. Überdies dient er als eine Art Museum illustrer Persönlichkeiten, eine Art Pantheon, in dem die Ruhmesträger verehrt werden. Zum Ausdruck kommt hier eine ganz andere Konzeption des Todes, die weniger mit der Religion und enger mit dem privaten und öffentlichen Leben verknüpft ist. Die Hinterbliebenen haben sich die vordem unbekannte Gewohnheit zu eigen gemacht, regelmäßig die Gräber ihrer Angehörigen zu besuchen.

---

[13]) Vgl. hierzu insg. Gerhard Richter, Die Wandlung des friedhofsarchitektorischen Erscheinungsbildes für die Zeit von 1750 bis 1850. In: Hans Kurt Boehlke (Hrsg.), Vom Kirchhof zum Friedhof. Wandlungsprozesse zwischen 1750 und 1850. Kassel 1984. S. 137-143.

[14]) Zitat: Wilhelm Messener, Zu extremen Gedanken über Bestattung und Grabmal um 1800. In: Kunstgeschichte und Kunsttheorie im 19. Jahrhundert. Berlin 1963. S. 172-194. Hier S. 174. (Probleme der Kunstwissenschaft I)

Die Realität der meisten Friedhöfe um die Wende zum 19. Jahrhundert sah allerdings anders aus. Ohne eine gewisse Belegungsordnung oder gemeinschaftliche Gestaltung aufzuweisen, lagen die Gräber meist kreuz und quer durcheinander. Versuche der Friedhofsgestaltung in der Folgezeit hatten sich zudem mit einem weiteren Problem auseinanderzusetzen, dem enormen Bevölkerungswachstum, vor allem in den großen Städten. Mehr und mehr stellte sich die Aufgabe, große Kommunalfriedhöfe anzulegen, die außerhalb der Städte und bewohnten Orten ihren Platz finden mussten.[15]

Als Ergebnis dieser Umbruchphase vom 18. zum 19. Jahrhundert gilt daher der säkularisierte und mehr nach sanitären Anforderungen geschaffene Kommunalfriedhof. Nach den noch überschaubaren Friedhöfen aus der ersten Hälfte des 19. Jahrhunderts entstanden um 1850 und danach gigantische Begräbnisplätze, für deren architektonische Formgebung es keine Vorbilder gab. Erst in den Gründerjahren entstanden erste mit Parkszenen gestaltete Parkfriedhöfe nach dem Vorbild nordamerikanischer Friedhöfe. Eines der ersten Beispiele war der „Parkfriedhof" in Hamburg-Ohlsdorf, 1879 bis 1914 angelegt. Ähnliche Anlagen folgten in Berlin, Köln, Düsseldorf und Hannover. Ein Friedhof, der ganz in den Wald verlegt war, entstand 1907 in München. Auf gewundenen Wegen erreichbar, waren die Gräber hier auf Lichtungen angelegt oder in den Baumbestand eingegliedert.[16] Dennoch ist die Ästhetik nicht intakt geblieben, und in vielen Fällen hat der Friedhofspark seine Grünflächen dahinschwinden sehen. Sie sind bis zum letzten Fleck mit Grabsteinen gefüllt, während sie gleichzeitig von den in Ausdehnung begriffenen Städten eingeholt wurden.

4 Jüdische Geschichte in Deutschland

4.1 Die Anfänge der jüdischen Siedlungen in Deutschland

Über die Anfänge der jüdischen Niederlassungen in Deutschland ist nur recht wenig bekannt. Nach allem was man weiß, begannen sich die jüdischen Gemeinden im Deutschen Reich (dem *regnum teutonicum*) im späten 9. Jahrhundert an zunächst nur wenigen, aber bedeutenden Orten zu

---

[15]) Alte Friedhöfe in Münster. S. 16.
[16]) G. Richter, Die Wandlung des friedhofsarchitektonischen Erscheinungsbildes. S. 139/140. - Alte Friedhöfe in Münster. S. 17.

etablieren.[17] Diese ersten Gemeinden bildeten sich entlang des Rheins: Speyer, Worms, Mainz und Köln. Einzelheiten über diese Gemeinschaften, vor allem von den großen Ansiedlungen in Speyer und Worms, können erstmals zum 11. Jahrhundert aus hebräischen und lateinischen Quellen entnommen werden. Dort am Mittelrhein war vor und auch noch einige Zeit nach den Kreuzzugspogromen von 1096 das geistige Zentrum der gesamten aschkenasischen Judenheit. Neben Speyer und Worms zählte noch Mainz dazu. Der Ruf war so ausstrahlend, dass selbst ein Mann wie die große rabbinische Autorität Schlomo ben Jitzchak alias Raschi von Troyes, der die gewaltige Aufgabe der Kommentierung des Babylonischen Talmuds übernehmen sollte, sich in seiner Jugend (um 1060) aufmachte, in Mainz sowie in einem Wormser Lehrhaus zu studieren. Die Juden, die zu Beginn des 9. Jahrhunderts und früher, also in karolingischer Zeit, im ostfränkischen Reich anzutreffen waren, waren höchstwahrscheinlich nicht ansässig, sondern bereisten diese Gebiete nur als Fernhandelskaufleute.

Für das ausgehende 9. und 10. Jahrhundert können für einige Städte einzelne jüdische Familien bereits nachgewiesen werden, so z.B. in Mainz und später auch für Speyer und Worms. Im 11. Jahrhundert nahmen die städtischen Judengemeinden einen zwar nicht ungestörten, aber dennoch rasanten demographischen Aufschwung. Es kann davon ausgegangen werden, das zum Ende des 11. Jahrhunderts deutlich mehr als 1000 Juden in Mainz lebten. Damit dürfte der jüdische Bevölkerungsanteil die 10-Prozent-Marke deutlich überschritten haben. Im kleineren Worms lag der Anteil vermutlich noch höher. Diese Werte blieben nicht nur im mittelalterlichen Deutschland einmalig, sondern waren es auch mit Blick auf die europäischen Nachbarn.[18]

Neben der Tätigkeit als Kaufleute hatten die Juden die Erlaubnis, ihren Wein, Arzneimittel und Farbstoffe an Christen zu verkaufen. Im Mittel-

---

[17]) Zur Geschichte der Juden in Deutschland siehe die erste Gesamtdarstellung von Ismar Elbogen und Eleonore Sterling (Die Geschichte der Juden in Deutschland. Frankfurt 1988) und Friedrich Battenberg, Das europäische Zeitalter der Juden. Zur Entwicklung einer Minderheit in der nichtjüdischen Umwelt Europas. 2 Bde. Darmstadt 1990. Hier vor allem Bd. 1: Von den Anfängen bis 1650. S. 45-65. – Arno Herzig, Jüdische Geschichte in Deutschland. Von den Anfängen bis zur Gegenwart. München 1997.

[18]) Gerd Mentgen, Die Juden des Mittelrhein-Mosel-Gebietes im Hochmittelalter unter besonderer Berücksichtigung der Kreuzzugsverfolgungen. In: Der Erste Kreuzzug und seine Folgen. Die Verfolgung von Juden im Rheinland. Düsseldorf 1996. S. 37-75. Hier. S. 44/45.

alter besaßen viele Juden Weingärten. Strenggläubige Juden durften den Wein der Christen nicht trinken, da er nicht koscher war. Sie durften aber ihre Weine an Christen verkaufen. Weitere wichtige Handelsartikel waren Farbstoffe. Das Färberhandwerk war eine Berufssparte, in dem es eine ganze Reihe von jüdischen Spezialisten gab.[19]

4.2 Die rechtliche Stellung der Juden im Frühmittelalter

Im Frühmittelalter war das Verhältnis von Christen und Juden nicht nur gespannt. Die Juden galten als eine religiöse Sondergemeinschaft innerhalb der christlichen Gemeinde. Sie waren geschätzt als Fernkaufleute. Juden konnten wenigstens in frühen Mittelalter in einigen Städten das Bürgerrecht erwerben, so z.B. in Worms. Im Frühmittelalter war ihnen das Waffentragen nicht untersagt. Waffen durfte aber nur ein freier Mann tragen. Noch die Bilderhandschrift des Sachsenspiegels zeigt Juden als Waffenträger.[20]

Die Judengemeinde war eine Sondergemeinde innerhalb und neben der christlichen Einwohnerschaft. Die Juden durften sich weitgehend selbst verwalten. Sie führten ein eigenes Gemeindesiegel und verfügten über Gemeindeinstitutionen, die für die religiösen und sozialen Bedürfnisse der Mitglieder unabdingbar waren: Synagoge, Friedhof, Ritualbad, Schlachthaus, Backstube und Festhaus. In Fragen von Gericht, Steuern /Abgaben und Verteidigung unterstanden die Juden jedoch auch der christlichen Obrigkeit.

Aus unterschiedlichen Quellen geht hervor, dass sich die Juden am Hofe Kaiser Ludwigs des Frommen, aber auch bei der einfachen Bevölkerung gewisser Sympathien erfreuten. In seinen judenfeindlichen Predigten beklagte der Bischof Agobard von Lyon, dass die einfachen Christen lieber die Predigten in den Synagogen hörten als in den Kirchen. Sie schätzten die Juden um der Propheten willen und sie wären beeindruckt von dem Ernst, mit dem die Juden sich an die Bräuche und Gewohnheiten ihrer Religion hielten.[21]

---

[19] G. Mentgen, Die Juden des Mittelrhein-Mosel-Gebietes. S. 51.
[20] Willehad Paul Eckert, Antisemitismus im Mittelalter. Angst-Verteufelung-Habgier: „Das Gift, das die Juden tötete." In: Günther B. Ginzel, Antisemitismus. Erscheinungen der Judenfeindschaft gestern und heute. Bielefeld 1991. S. 71-99. Hier S. 77.
[21] W.P. Eckert, Antisemitismus. S. 77.

Im Verlaufe des Mittelalters wurden die Juden zu „servi camerae" des Königs, d.h. „Kammerknechte". Als diese gehörten die Juden zur *familia* des Herrschers. Dadurch sollte ihr Schutz theoretisch gestärkt werden. Sie standen dem König persönlich nahe und durften auch mit entsprechender Fürsorge rechnen. Doch diese Form der „Knechtschaft" barg gerade bei den Juden, die nach der Lehre der Kirche in einem reinen Duldungs- bzw. Unterordnungsverhältnis zu den Christen standen, zugleich die sehr reale Gefahr in sich, doch nur wie rechtlose Subjekte des christlichen Herrschers behandelt zu werden. Dies sollte allerdings erst in der nachstaufischen Zeit akut werden.

Die Situation der Juden änderte sich um das Jahr 1096 dramatisch. Im Zuge des Ersten Kreuzzugs kam es in Nordfrankreich und im Deutschen Reich, hier vor allem im Rheintal, zu einer ganzen Reihe von Pogromen. Diese Massaker, von Christen an den Juden verübt, bedeuteten nach einhelliger Auffassung der Historiker eine einschneidende Zäsur in der Geschichte der Juden und des Verhältnisses der Christen zu ihnen. Es war eine Wende zum Schlechteren. Es hatte jedoch im Vorfeld keinerlei Anzeichen gegeben: Keine Wandlung der offiziellen kirchlichen Beurteilung des Judentums und auch nicht in der Einstellung der Juden zu den Christen. Es hatte auch keine Veränderung der Rechtsstellung oder der ökonomischen Tätigkeiten gegeben.

Die Juden selbst erfuhren diese Pogrome denn auch wie einen Blitz aus einem zwar nicht heiteren, aber auch nicht verdüstert erscheinenden Himmel. Zunächst erschienen ihnen die Ereignisse noch singulär. Als sich jedoch 1146/47, zu Beginn des Zweiten Kreuzzugs, die Verfolgungen wiederholten, zwar mit weniger Opfern unter den Juden, aber mit einer breiteren Beteiligung unter den Christen, begriffen die Juden allmählich, dass sie 1096 nicht von einer einmaligen Katastrophe getroffen worden waren, sondern dass sie eine umfassende und anhaltende Verschlechterung ihrer Lebensbedingungen erfuhren. Die ersten Ritualmordbeschuldigungen[22] 1144 in Norwich und 1171 in Blois und die Vertreibung aus der französischen Krondomäne 1180 bestätigten nur noch

---

[22]) Seit dem 12. Jahrhundert gehört die Ritualmordbeschuldigung seitens der Christen gegen die Juden zur jüdischen Leidensgeschichte. Der gegen die Juden erhobene Vorwurf des Ritualmords diente dazu, die Juden als Täter in ungeklärten Mordfällen zu verdächtigen und grausam zu verfolgen. Der aus antijüdischem Hass geborene Vorwurf behauptete in der Regel, dass die Juden zu ihren Pessachbroten das Blut christlicher Kinder verwendeten. - Vgl. Rainer Erb (Hrsg.), Die Legende vom Ritualmord. Zur Blutbeschuldigung gegen Juden. Berlin 1993.

die schlechte Situation, in der sich die Juden nunmehr befanden.[23] Diese Verleumdungen hatte es vorher nicht gegeben. Sie entstanden als Reaktion und Versuch, die Gewalt der Kreuzzüge im nachhinein zu rechtfertigen.

Verantwortlich für den Schutz der Juden waren in der Regel die Bischöfe. Es gelang ihnen jedoch nur dort, die Juden wirksam gegen Pogrome zu schützen, wo ihre weltliche Macht unangefochten war. Um so wichtiger war der Schutz durch den König bzw. den Kaiser. In der Tat haben Könige und Kaiser die Juden vor Übergriffen zu schützen gesucht. Aus der Gefährdung der Juden ergab sich eine erhöhte Schutzbedürftigkeit. Damit bahnte sich eine Sonderstellung an, die die Juden unter ein Schutz- und Sonderrecht stellte. Anders gesagt, das Bedürfnis nach einem Schutz für die Juden führte zu einem Sonderrecht, das Sonderrecht aber bestätigte die Außenseiterstellung der Juden. Der Kaiser bzw. der König nahm die Juden in seinen Schutz, erhielt aber eine besondere Abgabe, das Judenregal. Die Abgaben, die sie zu zahlen hatten, waren für den König eine wertvolle Einnahmequelle. Er konnte sie, wenn er in Geldnöten war, verpfänden. Tatsächlich sind die Juden oftmals seitens des Königs an die Städte verpfändet worden. Für die Juden als die Schutzbefohlenen wird spätestens seit Kaiser Friedrich II., d.h. seit dem 13. Jahrhundert, der Ausdruck „servi camerae" verwendet, um die Minderstellung der Juden gegenüber anderen Bevölkerungsgruppen zu betonen.[24]

Über die akute Not, über Verfolgung und Tod hinaus hat somit die Kreuzzugszeit für die Juden nachhaltige Folgen gehabt: eine Verschlechterung ihrer sozialen und rechtlichen Stellung. Die Kreuzzüge offenbarten den christlichen Massen auch die Verwundbarkeit der jüdischen Gemeinschaft, was sie zuvor nicht gesehen hatten. Jetzt merkten sie, dass diese wohlhabende Gruppe, die scheinbar unter dem Schutz machtvoller Fürsten stand, in Wirklichkeit von jedem Mob straflos angegriffen werden konnte. Die schwachen Kräfte von Recht und Ordnung waren ge-

---

[23]) Dieter Mertens, Christen und Juden zur Zeit der Ersten Kreuzzuges. In: Bernd Martin und Ernst Schulin (Hrsg.), Die Juden als Minderheit in der Geschichte. München, 3. Aufl. 1985. S. 46-67. Hier S. 46.
[24]) W.P. Eckert, Antisemitismus. S. 80.

genüber solcher Volksgewalt hilflos. Nachdem dies einmal verstanden war, hörten die Pogrome für viele Jahrhunderte nicht mehr auf. [25]

4.3 Der Schutz der Juden in Mittelalter und Neuzeit und die Nutzung jüdischen Eigentums

Der Judenschutz war im Mittelalter im Deutschen Reich, wie oben ausgeführt, ein königliches Privileg. Seit der Einführung der Kammerknechtschaft im Jahr 1236 durch Friedrich II. wurden die Juden aber zunehmend als monetäres Faustpfand missbraucht, die Einnahmen aus ihren Steuern vom König bzw. Kaiser an Städte, Ministeriale, Bischöfe oder Landesherren verpfändet oder verliehen, und somit auch die Gegenleistung, der Schutz der Juden, in deren Verantwortung übergeben. Da die Pfandschaften häufig nur partiell verliehen und wieder eingelöst wurden, konkurrierten in vielen Städten mehrere Parteien um das Recht des Judenschutzes und die Einnahme der Judensteuer: die Regionalgewalten untereinander ebenso wie lokale Pfandschaftsinhaber mit der zentralen königlichen Gewalt. [26]

In einigen Fällen bemühten sich einzelne Bürger beim Kaiser um den Zuschlag diverser jüdischer Häuser für den Fall, dass die Juden erschlagen bzw. aus der Stadt vertrieben würden. So geschehen in Nürnberg im April des Jahres 1349, als die ersten Nachrichten der Pestepidemie die Stadt erreichten. Der Nürnberger Rat ließ anfragen, ob man nach einem Pogrom die Judenhäuser abreißen dürfe. Nachdem der jüdische Besitz so schon vorab unter den Interessenten verteilt war, setzten im Dezember die Verfolgungen tatsächlich ein, ohne dass es die geringsten Anzeichen für die Pest in der Stadt gegeben hätte. Im Memorbuch der Nürnberger Judengemeinde werden die Namen von 560 Märtyrern aufgelistet. [27]

Nach Pogromen und Vertreibungen nutzen Christen nicht nur Synagogen zu profanen Zwecken oder als Kirchen weiter, sondern auch jüdische Friedhöfe. Die Umwidmung und die Exhumierung der Toten ist aus christlicher Sicht zwar erlaubt, aus jüdischer Sicht hingegen ein äu-

---

[25]) Rosemary Ruether, Nächstenliebe und Brudermord. Die theologischen Wurzeln des Antisemitismus. München 1978. S. 192.

[26]) Hedwig Röcklein, »Die grabstain, so vil tausent guldin wert sein«: Vom Umgang der Christen mit Synagogen und jüdischen Friedhöfen im Mittelalter und am Beginn der Neuzeit. In: Aschkenas, 5. Jg., 1995, H. 1. S. 11–45. Hier S. 14.

[27]) H. Röcklein, Vom Umgang der Christen, S. 17.

ßerst problematisches Unterfangen und nach halachischem Recht nur in Ausnahmefällen zulässig. Wie schwer es Christen bis heute fällt, zu akzeptieren, dass nach jüdischer Vorstellung der Leichnam unversehrt bleiben muss, damit die Seele des Toten im Fegefeuer gereinigt werden, der Tote den Kontakt mit den Lebenden pflegen und er vollkommen wiederauferstehen kann, haben die jüngsten Auseinandersetzungen um den jüdischen Friedhof in Hamburg-Ottensen vor Augen geführt.[28]

Kam es zu einer Umnutzung bzw. Zerstörung eines Friedhofs wurden die Steine meist nicht zerschlagen, sondern als Baumaterial verwendet. Die Grabsteine wurden in kirchlichen Einrichtungen, öffentlichen Bauten und Bürgerhäusern verbaut. In Halle an der Saale verwandte man im 16. Jahrhundert die Grabsteine für das Mauerwerk und als Schwellensteine für Bürgerhäuser. Nach Auflösung des Friedhofs in Erfurt 1453/54 nutzte man die Grabsteine für die Befestigung von Straßen und zum Bau der Stadtmauer. In Nürnberg requirierte man die Steine nach der Plünderung des Friedhofs 1349 für den Bau bürgerlicher Wohnhäuser. Grabsteine der Kölner Juden wurden nach 1349 in der erzbischöflichen Burg Lechenich verwendet. Weitere Beispiele lassen sich auch aus Rothenburg ob der Tauber und aus Münster in Westfalen nennen. Während sich die meisten Städte mit der Wiederverwendung der wertvollen Grabsteine für weltliche und kirchliche Bauten begnügten, wurden in Regensburg 1519 nicht nur die Gedenksteine, sondern auf Anweisung der Obrigkeit auch die Leichname der Juden geschändet.[29]

Der Respekt vor dem jüdischen Totenkult, der den Verstorbenen ewige Ruhe garantiert und die wirtschaftliche Nutzung der Grabplätze strikt untersagt, war jedoch nicht nur durch Schändung und Aufhebung der Friedhöfe gefährdet. Da die Juden im ausgehenden Mittelalter zunehmend kein Eigentum mehr an den Friedhofsgrundstücken erwerben konnten, sondern nur noch Nutzungsrechte besaßen, wurde es für sie immer schwieriger, die rituellen Vorschriften einzuhalten. In Miltenberg ließ die Stadt als Grundstückseigentümerin das auf dem Friedhof wachsende Gras schneiden und als Viehfutter verkaufen.[30] Da nach jüdischem

---

[28]) Ina Lorenz, Jörg Berkemann (Hrsg.), Streitfall Jüdischer Friedhof Ottensen. Religion, Recht, Politik. Hamburg 1993.

[29]) H. Röcklein, Vom Umgang der Christen, S. 35/36. - Michael Brocke, Hartmut Mirbach, Grenzsteine jüdischen Lebens. Auf jüdischen Friedhöfen am Niederrhein. Duisburg 1988. S. 8.

[30]) H. Röcklein, Vom Umgang der Christen, S. 37.

Recht jede Nutzung des Friedhofs untersagt ist, auch die als Viehweide, verstieß sie damit gegen die jüdischen Ritualgesetze.

Begehrt waren bei den Bürgern der mittelalterlichen Städte die Grabsteine wegen ihrer guten Qualität und des hohen materielen Wertes. Weder bei der Aneignung der Grabsteine noch bei der gewaltsamen Exhumierung und Zerstörung der körperlichen Überreste der Bestatteten ist ein Hauch von Pietät gegenüber den Toten zu spüren.

Während bei den frühen Pogromen, etwa im Zusammenhang mit den Kreuzzügen, die meisten Städte den Juden nach ihrer Rückkehr Synagogen, Wohnhäuser und Friedhöfe wieder überließen, musste die jüdische Bevölkerung nach den Pogromen Mitte des 14. Jahrhunderts (den Pestpogromen) ihre zentral gelegenen Wohnplätze, Synagogen und Friedhöfe aufgeben und in den Außenbezirken neu errichten. Meist konnten sie über die neuen Gemeinschaftsanlagen nicht mehr als Eigentum verfügen, sondern mussten sie von der Stadt mieten und besaßen auch ein nur eingeschränktes Nutzungsrecht. Die Ausweisungen aus einzelnen Städten oder ganzen Territorien am Ende des 15. und des 16. Jahrhunderts waren meist endgültig. Die Juden durften nun nicht mehr in die Städte zurückkehren und die Erinnerung an ihre langjährige Anwesenheit in den Kommunen wurde durch drastische Maßnahmen unter Zuhilfenahme exorzistischer Rituale vollständig getilgt. Die Angriffe gegen Synagogen und Friedhöfe der Juden eskalierten im Verlauf des Mittelalters und erreichten in den ersten beiden Jahrzehnten des 16. Jahrhunderts mit der Exhumierung der Toten eine neue Qualität.

Die politisch-rechtliche Stellung der Juden blieb in Deutschland bis in das 18. Jahrhundert hinein noch weitgehend in den alten Strukturen verhaftet. Eine Gesetzgebung, die die Juden mit ihrer christlichen Umwelt gleichstellte, konnte erst im Laufe des 19. Jahrhunderts geschaffen werden. Der für sie erreichbare Status wurde meist durch eine große Zahl von Polizeiverordnungen detailliert geregelt. Erst mit Beginn des 19. Jahrhunderts und der durch die Französische Revolution verbreiteten Ideen begannen auch in Deutschland erste Bestrebungen, den Juden zunehmend mehr Rechte zu gewähren. In diesem Zusammenhang war es ihnen möglich, sich in vielen Städten und Regionen, in denen ihnen zum Teil über Jahrhunderte die Niederlassung verwehrt war, wieder anzusiedeln und dort nun auch Grundstücke zu kaufen, die sie für die Errichtung ihrer Einrichtungen wie Synagogen und Friedhöfe brauchten. Die vollständige bürgerliche Gleichberechtigung erhielten die Juden in

Deutschland erst mit der Gründung des Deutschen Reiches im Jahre 1871.

5 Leben und Tod in der jüdischen Religion

5.1 Das Ende des Lebens

„Der Tod unterbricht die Bande, die man für die Ewigkeit geknüpft wähnte. Wir, die Menschen, sind unbelehrbar. Wir wissen, dass uns unaufhörlich Unsicherheit umgibt. Wissen, dass uns jede Sekunde nur geliehen wurde. Dass jedes Geschlecht dem nächsten Platz machen muss. Unerbittlich. Dass 'ein Geschlecht vergeht, das andere kommt' (Pred 1,4). 'Ist doch der Mensch gleichwie nichts; seine Zeit fährt dahin wie ein Schatten' (Ps 114,4). Aber jedesmal, wenn dieses unveränderliche Gesetz und diese ewige Erfahrung sich erneut bestätigt, sind wir verblüfft, überrascht, bestürzt, geschlagen. Denn trotz aller Gesetze und Erfahrungen wahren wir den Schein und verhalten uns so, als glaubten und seien wir davon überzeugt, dass unser Leben auf dieser Welt ewig währt und dass die Zeit, wenn wir oder einer der Unseren namentlich gerufen und genommen wird, noch nicht gekommen ist. So als könnte das nie eintreten", schreibt Rabbiner S.Ph. De Vries.[31]

Es gilt als eine wichtige Pflicht im Judentum, den Sterbenden nicht allein zu lassen. In der Stunde seines Todes soll der Mensch die Sterbegebete sprechen können. Wenn er es selbst nicht mehr kann, sollen sie ihm vorgesprochen werden. Diese Gebetsgemeinschaft wird häufig von der Chewra Kaddischa, der „Heiligen Bruderschaft" gebildet. Damit diese Gebete den Vorschriften entsprechend gesprochen werden können, achtet die „Bruderschaft" darauf, dass mindestens zehn Männer der Gemeinde anwesend sind. Neben dem Sündenbekenntnis wird das Gebet *Adon Olam* gesprochen, dessen letzter Vers lautet: „In seine Hände übergebe ich meinen Geist, wenn ich schlafe und erwache, und mit meinem Geist meinen Leib. Gott ist in mir, ich fürchte mich nicht." Das Adon Olam ist eine poetische Hymne, die dem Philosophen und Poeten Schlomo Ibn Gavirol (1021-1058), der in Spanien lebte, zugeschrieben wird. Das Gebet besteht aus zehn Zeilen, wovon die ersten die Eigenschaften Gottes nach der jüdischen Auslegung beschreiben, und die weiteren, wie sich der Mensch zu Gott verhält und ihm vertraut.[32] Steht der Tod unmittelbar bevor, sprechen alle Anwesenden in lang gedehnten Tönen das

---

[31]) S. Ph. De Vries, Riten und Symbole. Wiesbaden, 4. Aufl. 1986. S. 253.

[32]) Chaijm Halevy Donin, Jüdisches Gebet heute. Zürich 1986. S. 193. - De Vries, Riten und Symbole. S. 267.

Sch'ma Jisrael: „Höre Israel, Gott, unser Herr, Gott, ist ein einiger, einziger Gott!" Rabbi De Vries beschreibt diesen letzten Moment im Leben so: Mit dem Sch'ma Jisrael *„wartet man jedoch bis zum wirklich letzten Augenblick. Denn die Seele, die dahingeht, wird auf den Flügeln dieses Bekenntnisses zum Einzig-Einen, zu ihrem Schöpfer in die Ewigkeit getragen. Und das Wort echad, das Ein bedeutet, wird, wenn möglich, so lange angehalten, bis mit dem Ende dieses Wortes auch die Seele ausgehaucht wird.'*[33] Daneben werden noch einige weitere Gebete gesprochen, zum Teil dreimal wiederholt. Doch es wird stets darauf geachtet, das das Wort *echad* den letzten Atemzug auffängt. Wenn es sein muss, wird dieser Vers daher im entscheidenden Augenblick auch mitten in anderen Sätzen wiederholt.

Vom Augenblick des Todes an bis zur Beerdigung darf der Tote nie allein gelassen werden. Die Familie oder die Gemeinde muss einen Aufsichtsdienst aufbieten. Die Bibel schreibt vor, dass der Leichnam mit Respekt behandelt werden muss und nicht geschändet bzw. missachtet werden darf. Selbst von der Justiz Hingerichtete durften nicht über Nacht am Galgen hängen gelassen, sondern mussten noch am selben Tag begraben werden.[34] Nach der Auffassung der Tora war die Schuld mit dem Vollzug der Strafe gesühnt, und auch dieser Leichnam musste respektvoll wie jeder andere Tote behandelt werden.[35]

Es ist eine religiöse Pflicht, den Toten baldmöglichst zu beerdigen. Eine Aufbahrungszeit gibt es im Judentum nicht; im Orient war dies wegen der Seuchengefahr unmöglich. Sofern jedoch das Staatsgesetz eine Wartefrist vorschreibt (in Deutschland 48 Stunden vom Tod bis zur Bestattung), muss man sich an das Gesetz halten. Das Verschieben auf den nächsten Tag ist nur erlaubt, wenn es dem Toten zur Ehre gereicht, z.B. um die Teilnahme naher Verwandten zu ermöglichen, die von weither anreisen müssen. Nach alter jüdischer Tradition wurde jeder Ver-

---

[33] De Vries, Riten und Symbole. S. 267.

[34] 5. Mose 21,22-23 Bestattung eines Hingerichteten: 22 Wenn jemand wegen eines Verbrechens zum Tod verurteilt und hingerichtet worden ist und der Tote danach an einem Pfahl aufgehängt wird, 23 dürft ihr ihn nicht über Nacht dort hängen lassen. Ihr müsst ihn noch vor Sonnenuntergang begraben; denn wer am Holz hängt, ist von Gott verflucht und bringt Unheil über das Land. Ihr sollt das Land nicht verunreinigen, das der HERR, euer Gott, euch geben wird. - Siehe auch Mischna, IV. Seder. Neziqin. 4. u. 5. Traktat. Sanhedrin-Makkot. S. 202-203: „Man darf einen Toten nicht über Nacht liegen lassen."

[35] Rabbiner Dr. Meir Ydit, Kurze Judentumskunde für Schule und Selbstunterricht. Neustadt a.d. Weinstraße 1984. S. 119.

storbene binnen 24 Stunden nach seinem Ableben begraben. Dies ist heute noch in streng orthodoxen Kreisen in Israel üblich. Nach traditioneller Vorschrift genügt auch heute das Aufhören von Herz- und Lungentätigkeit als Eintritt des Todes und es bedarf keiner weiteren klinischen Bestätigung hierüber.[36] Fällt der Todestag auf einen Freitag oder Schabbat, wird die Beerdigung auf den nächsten Wochentag verschoben. Bei einem Todesfall am ersten Tag eines Feiertags kann die Bestattung am 2. Tag des Feiertags (in der Diaspora) erfolgen. Es dürfen dabei alle Arbeiten für das Begräbnis verrichtet werden.[37]

Sich um Tote zu kümmern, sie für die Beerdigung vorzubereiten, Wache zu halten und das Begraben selbst sind heilige religiöse Aufgaben, welche nur den frömmsten und würdigsten Mitgliedern der Gemeinde anvertraut werden. Die Gemeindeorganisation, die sich damit befasst, wird die Heilige Gesellschaft oder Bruderschaft (Chewra Kaddischa) genannt.

Der Tote muss gewaschen und angekleidet werden. Unter dem Lesen von Gebeten und Psalmen wird das Ritual der Körperreinigung mit lauwarmem Wasser vollzogen. Dem liegt das biblische Zitat „dass er nackt hinfährt, wie nackt er gekommen ist..." (Prediger Salomos 5,15) zugrunde. Der Mensch wird gewaschen, nachdem er geboren ist, also soll er auch gewaschen werden, wenn er gestorben ist. Jeder Tote trägt dasselbe einfache, handgenähte, weiße, baumwollene Totenhemd, um soziale Unterschiede auszugleichen. Das Hemd besitzt keine Taschen. Es symbolisiert, dass man keine materiellen Reichtümer mitnehmen kann. Das einfache weiße Gewand wurde in der talmudischen Zeit eingeführt, als Begräbnisse äußerst teuer und eine große Last für das Volk wurden. Es sollte damit die Gleichheit von arm und reich im Tode ausgedrückt werden. Bis dahin wurden Wohlhabende in reicher Kleidung begraben. Die Weisen hatten ein feines Empfinden für die Ehre mittelloser Verstorbener.[38] Im Kizzur Schulchan Aruch steht zu lesen, dass das weiße Totenkleid ein Symbol für den Glauben an die Auferstehung ist. Im Talmud (Ketubot 111b) sagt Rabbi Chija ben Joseph: Einst werden die

---

[36] Zur Todesfeststellung siehe auch Mischna. III. Seder. Naschim. 1. Traktat Jebamot, Kap. XII. S. 202-215: „Was zu einem vollständigen Zeugnis über den Tod eines Menschen gehört."

[37] M. Ydit, Kurze Judentumskunde. S. 120.

[38] Rabbiner Chajim Halevy Donin, Jüdisches Leben. Eine Einführung zum jüdischen Wandel in der modernen Welt. Zürich 1987. S. 304.

Frommen in ihren Gewändern wiederauferstehen.[39] Verstorbene Männer werden auch in ihren Tallit gehüllt, dessen Zizit unbrauchbar gemacht werden. Dies symbolisiert, dass irdische Vorschriften nicht mehr beachtet werden müssen.

Die Tradition betrachtet das Zur-Schau-Stellen des Toten in einem offenen Sarg als unwürdig. Die Weisen waren der Ansicht, dass es dem Toten gegenüber respektlos sei, wenn nicht nur Freunde, sondern auch Feinde herbeikommen und ihn mit Verachtung und Spott betrachten können. Wenn auch dieser Brauch in der westlichen Kultur als ehrenvoll gedacht ist, so lehnt ihn das Judentum ab. Die Verbrennung ist verboten; Tote müssen in der Erde begraben werden. Der biblische Satz „denn Erde bist du, und zu Erde kehrst du wieder" (1. Mose 3,19) wird von der Tora noch stärker betont, wenn sie schreibt: „Denn auch ihn hast du an demselben Tage zu begraben" (5. Mose 21, 23).

Nach dem Waschen wird der Tote sodann in einen einfachen, stets gleichen Holzsarg gelegt. In Israel werden die Toten ohne Sarg begraben, von allen Seiten umgeben von Stein- oder Betonplatten. Da es immer der Wunsch eines frommen Juden war und ist, im Land der Väter, in Erez Israel, begraben zu sein, ist es Brauch, unter das Haupt des Toten ein Säckchen mit Erde aus dem Heiligen Land zu legen oder wenigstens sein Gesicht damit zu bestreuen.

Die Beerdigung soll ohne Schmuck, ohne Blumen und Musik erfolgen und dazu führen, die Realität des Toten zu bestätigen. Dies wird aus der talmudischen Diskussion noch deutlicher: Die Frage ist zum Beispiel, ob man in ein Trauerhaus Gewürze bzw. Parfüme bringen darf. Solange der Tote sich noch im Hause befindet, ist dies aber untersagt, um damit die Realität der beginnenden Verwesung nicht zu verwischen.

Den Toten zu seiner letzten Ruhestätte zu begleiten, gilt als heilige Handlung und ist oberstes Gesetz des Respekt. Jede Arbeit muss unterbrochen werden, um einer Trauerprozession zu folgen. Der Talmud sagt, dass derjenige, der eine solche sieht, diese aber nicht begleitet, aus seiner Gemeinschaft verbannt werden sollte.[40] Der Trauerzug wird auf

---

[39]) Rabbi Schelomo Ganzfried, Kizzur Schulchan Aruch. Bd. II. Basel 1988. S. 1049. - Der Babylonische Talmud. Bd. 5, Ketubot. Berlin 1931. S. 362.

[40]) Ester Dreifuss-Kattan, Verlust- und Trauerarbeit in der jüdischen Tradition. In: Der letzte Weg. Vorschriften, Gebete und Gedanken zum Thema Tod und Trauer. Von Rabbiner Dr. I.M. Levinger, Basel 1991. S. 115-128. Hier S. 118.

dem Weg vom Leichenhaus zum Grab siebenmal unterbrochen. Diese sieben Stationen leiten sich ab aus den sieben grammatikalischen Formen des Wortes Hevel (Tod, Vergänglichkeit), den sieben Schöpfungstagen und den sieben Lebensstadien. Bei jedem Halt werden Gebete gesprochen und Verse aus dem 16. oder 91. Psalm vorgetragen. Nachdem der Sarg in das Grab hinab gelassen wurde, werfen die Anwesenden Erde auf den Sarg. Ist das Grab mit Erde gefüllt, zitieren alle Anwesenden noch einmal aus der Bibel: „Ja, Staub bist du, und zu Staub musst du wieder werden! Dann kehrt der Leib zur Erde zurück, aus der er entstanden ist, und der Lebensgeist geht zu Gott, der ihn gegeben hat." (1.Mose 3,19; Pred 12,7).[41] Zum Schluss erklingt das Kaddisch-Gebet.

Das Kaddisch ist ein ehrwürdiges und altes Gebet. Es ist eine Lobeshymne an Gott in Erwartung des göttliches Königreichs auf Erden. Auch wenn das Kaddisch kein Gebet für den Seelenfrieden der Verstorbenen ist, wird es gewöhnlich als Gebet zum Gedächtnis für die Verstorbenen angesehen. Es beginnt mit den Worten:

„Erhoben und geheiligt werde sein großer Name in der Welt, die er nach seinem Willen erschaffen, und sein Reich erstehe in eurem Leben und in euren Tagen und dem Leben des ganzen Hauses Israel schnell und in naher Zeit, sprechet: Amen! Sein großer Name sei gepriesen in Ewigkeit und Ewigkeit der Ewigkeiten! Gepriesen sei und gerühmt und verherrlicht und erhoben und erhöht und gefeiert und hocherhoben und gepriesen der Name des Heiligen, gelobt sei er, hoch über jedem Lob und Gesang, Verherrlichung und Trostverheißung, die je in der Welt gesprochen wurde, sprechet: Amen!"[42]

Das Aufsagen des Kaddisch bei der Beerdigung wird verstanden als die Annahme des göttlichen Urteils. Der Trauernde spricht das Kaddisch als eine öffentliche Heiligung, als einen Akt der Bestätigung vor der versammelten Gemeinde, dass er Gottes Urteil in Liebe aufnimmt. Nach

---

[41]) Die Rückkehr des Staubs zur Erde darf nicht nur als Ausdruck der Verwesung verstanden werden. Günter Stemberger deutet dies unter Rückgriff auf den Midrasch folgendermaßen: „Sie [die Rückkehr] ist vielmehr die Rückkehr zum Schöpfer, der den Menschen rein erschaffen hat und ihn ebenso auch zurückerwartet. Nur rein kann der Mensch hoffen, im 'Bündel des Lebens eingebunden' zu werden, wie es im Zusammenhang des Zitats aus 1 Sam heißt." Zitat aus: Günter Stemberger, Midrasch. Vom Umgang der Rabbinen mit der Bibel. Einführung, Texte, Erläuterungen. München 1989. S. 140.
[42]) Hier zitiert nach Ch. H. Donin, Jüdisches Gebet Heute. S. 209.

dem Tod von Vater oder Mutter rezitieren die Söhne elf Monate lang täglich das Kaddisch.[43]

Nach der eigentlichen Bestattung pflückt man eine Handvoll Gras und lässt es liegen. Dabei wird das Bibelwort zitiert: „In den Städten sollen sie grünen wie das Gras auf Erden" (Ps 72,16). Aus verschiedenen Regionen (z.B. Böhmen und Mähren) ist der Brauch bekannt, dass die Trauergäste beim Verlassen des Friedhofs in die Richtung des Grabes als Zeichen der Vergänglichkeit Gras und Erde hinter sich warfen mit den Worten: „Gedenke, dass wir Staub sind!"[44] Beim Verlassen des Friedhofs nach der Trauerzeremonie waschen sich alle Gäste die Hände.[45] Die Trauernden kehren zum Leben und zu seinen Pflichten zurück.

Die Beerdigungszeremonien sind vor allem auf die Bedürfnisse der Hinterbliebenen ausgerichtet. Die traditionelle jüdische Grabrede befasst sich mehr mit dem Leben und Wirken der Toten als mit einem Versprechen des Wiedersehens im Jenseits. Die Preisungen des Verstorbenen in der traditionellen Eulogie, im Nachruf, greifen auch auf die Trauernden über. Der Trauernde darf sich selbst nicht vergessen, im Gegenteil, er sollte auch ernst und wichtig genommen werden.

Das Einreißen eines Kleidungsstücks, das man trägt, ist die religiös vorgeschriebene Form, seine Trauer um den Toten auszudrücken. Es ist ein altehrwürdiges, auf biblische Zeiten zurück gehendes Zeichen des Schmerzes und der Trauer. Das eingerissene Kleidungsstück wird während der Trauerwoche getragen, außer am Schabbat.

Das Judentum bietet Gesetze, Riten und eine Trauerethik an, die in ganz spezifische Zeiteinheiten eingeteilt ist. Es gibt eine definierte Zeit zum Sterben, zum Verlieren, zum Zusammenbrechen, zum Klagen, zum Weinen, zum Trauern, aber auch eine Zeit zum Heilen und Weiterleben. Diese vorgegebene engmaschige Struktur gibt dem Trauernden eine innere Sicherheit und weist ihm die soziale Rolle des „Trauernden" zu, ganz unabhängig von seinen persönlichen Gefühlen dem Verstorbenen gegenüber. Als Trauernder wird er von der jüdischen Gemeinschaft gestützt und gehalten.

---

[43] Zum Kaddisch siehe u.a. Ch. H. Donin, Jüdisches Gebet Heute. S. 207-215 und S. Ph. De Vries, Jüdische Riten und Symbole. S. 284-287.
[44] Petr Ehl u.a., Alte Judenfriedhöfe Böhmens und Mährens. Prag 1991. S. 9.
[45] Zum Brauch des Händewaschens siehe auch E. Roth, Zur Halachah des jüdischen Friedhofs. S. 119.

Im Judentum unterscheidet man fünf Stadien der Trauerarbeit:

- Aninut

Diese erste Periode beginnt im Augenblick des Todes und endet, wenn die Erde auf den Sarg gefallen ist.

- Schiwa I

Die zweite Phase (schiwa = sieben) umfasst die ersten drei der sieben Trauertage. Dies sind die Tage der Klage, sie dienen dem Weinen.

- Schiwa II

Die dritte Phase umfasst die vier restlichen der sieben Trauertage. Die Trauerfamilie sitzt in diesen Tagen immer noch auf niedrigen Stühlen und wird von Besuchern begleitet.

- Schloschim

Diese Periode der dreißig Tage beschließt die Trauerzeit für alle verstorbenen Verwandten, außer für die Eltern. In dieser Zeit darf der Trauernde wieder das Haus verlassen und zur Arbeit gehen.

- Schana

Für verstorbene Eltern endet die Trauerzeit erst nach zwölf Monaten. Schana bedeutet übersetzt „ein Jahr". Es gelten die gleichen Einschränkungen wie für die vorhergehenden dreißig Tage.

Anders als z.B. im Christentum gelten nach der jüdischen Tradition die Toten als unrein. Friedhöfe wurden daher stets außerhalb des Wohngebiets angelegt. Auch kennt man nicht den Brauch, immer wieder die Gräber der Angehörigen aufzusuchen. Rabbiner Levinger aus Basel schreibt dazu: „Die Gräber sollten nicht zu häufig besucht werden. Im ersten Jahr pflegt man das Grab überhaupt nicht zu besuchen. Diese Zeit ist gemäß der Kabala für den Toten selbst nötig, damit er sich vom Irdischen trennt. Für die Hinterbliebenen ist das Fernbleiben nötig, um das Leben hier weiter zu ermöglichen."[46] Beim Besuch des Friedhofs werden Psalmen und Gebete gesagt, am häufigsten die folgenden Psalmen: 16, 17, 33, 72, 91, 104, und 130.

Die *Jahrzeit* ist die Wiederkehr des Todestags. Sie wird immer am Datum des Todes (nach dem jüdischen Kalender) gehalten. Die Söhne sind verpflichtet, an jedem der Jahrzeittage das Kaddisch zu sprechen. Wenn möglich sollte man auch vorbeten und zur Tora aufgerufen werden. Es ist üblich, am Abend der Jahrzeit ein Licht anzuzünden und es vier-

---

[46]) Der letzte Weg. Vorschriften, Gebete und Gedanken zum Thema Tod und Trauer. Von Rabbiner Dr. I.M. Levinger, Basel. Basel 1991. S. 110.

undzwanzig Stunden lang brennen zu lassen. Dieser Brauch gründet auf dem Gedanken, der in Sprüche 20,27 ausgedrückt ist: „Ein Licht Gottes ist des Menschen Seele." Man kann statt eines Kerzenlichts auch ein elektrisches Gedenklicht benutzen.[47]

Eine uralte, bis zu den Erzvätern zurück gehende Sitte ist es, dass Juden auf jedes Grab einen Grabstein setzen, zum Zeichen der Ehre und des Respekts für die Verstorbenen, so dass sie nicht vergessen werden und ihr Grab nicht entweiht werde. In manchen Gemeinden ist es üblich, ein Jahr mit der Grabsteinsetzung zu warten. Einer der Gründe ist, dass man sich während des Trauerjahrs täglich beim Kaddisch der Verstorbenen erinnert. Daher ist ein Grabstein noch nicht notwendig. Es gibt aber hierzu keine Regeln und es ist religionsgesetzlich zulässig, bei der erst-möglichen Gelegenheit den Grabstein zu setzen. In Israel wird der Stein nach Ablauf der Trauerperiode von dreißig Tagen aufgestellt.[48]

5.2 Die Ruhe der Toten

In kaum einer religiösen Gesellschaft kann der Aufwand noch nach-vollzogen werden, der von jüdischer Seite betrieben wird, um die Fried-höfe und damit die Ruhe der Toten auf Dauer zu sichern. Auf den kom-munalen wie auch auf den christlichen Friedhöfen können Gräber nach zwanzig Jahren „aufgelassen" und Friedhöfe „entwidmet" werden, weil nach der christlichen Tradition der irdische Leib des Menschen zu den vergänglichen Dingen dieser Welt gehört. Zudem ist im Christentum der aus dem Judentum ererbte Glaube an die Auferstehung ganz auf einen spirituellen Leib übertragen worden, der mit dem materiellen Leib des ir-dischen Jammertals nichts mehr zu tun hat. Des weiteren zeigt sich in der säkularen Gesellschaft der heutigen Zeit ein zunehmender Trend zur anonymen Bestattung, bei der keine eigene Grabfläche mehr ausgewie-sen wird.

Ganz anders stellt sich bis heute die Situation im Judentum dar. Eine Fülle von Vorschriften, im Talmud zusammengefasst, regelt detailliert Fragen der Bestattung sowie der Anlage und des Umgangs mit den

---

[47]) Ch. H. Donin, Jüdisches Leben. S. 318.
[48]) Ch. H. Donin, Jüdisches Leben. S. 315. - E. Roth, Zur Halachah des jüdischen Fried-hofs. Teil 2. S. 89ff.

Grabstellen.[49] So entspricht der Erwerb eines Grabes dem Erwerb eines Grundstücks, das nur dem Toten gehört, und von dem niemand außer ihm Nutznießung haben darf. Diese zunächst für die Einzel- und Familiengräber in Israel erstellten Vorschriften wurden seit etwa dem 10. Jahrhundert auf den öffentlichen Gemeindefriedhof übertragen. Er ist deshalb nach jüdischem Recht unverkäuflich. Die Gräber können daher in der Regel auch nicht ausgeräumt werden. Geschieht dies dennoch, wird das Grundstück durch Unreinerklärung jeglicher anderer Nutzung durch Juden entzogen - ein rechtlicher Schutzwall gegen die Ausräumung von Gräbern.[50]

Neben den besitzrechtlichen Argumenten spielt in den jüdischen Rechtsquellen zur Frage und Behandlung von Gräbern vor allem das Argument der Ehre und Würde der Toten eine zentrale Rolle. Die Ehre des Toten, seine Würde und wohlverdiente Ruhe sind die leitenden Prinzipien, die rechtsphilosophischen Grundgedanken für die konkreten halachischen, das heißt rechtlichen Entscheidungen des jüdischen Bestattungswesens. Die Ehre und verdiente Ruhe des Verstorbenen sind es, die seinen Grabplatz unantastbar machen, dort soll er würdig auf seinem Lager ruhen, bis zur Auferstehung der Toten. Dieses Prinzip der Ehre und Ruhe der Toten verbietet darum die Umbettung des Toten sogar in ein würdevolleres Grab. Die Umbettung bereitet dem Toten Pein und bringt ihm Schmach; es sei denn, die Umbettung erfolgt in das Familiengrab. Es ist für den Toten schöner und ruhiger, bei seiner Familie zu ruhen. Erlaubt ist auch die Umbettung ins Land Israel, weil der Boden von Erez Israel dem Menschen Sühne verschafft, gleich dem Altar im Tempel zu Jerusalem. Das Prinzip der Ehre und Ruhe erlaubt schließlich eine Umbettung, wenn Ruhe und Ehre der Toten auf dem ursprünglichen Friedhof nicht mehr zu gewährleisten sind. Dies trifft zu im Falle von Naturgewalten und im Falle der Gewalt von Seiten der herrschenden Umstände, das heißt in der Regel von Seiten der nichtjüdischen Machthaber.[51]

---

[49]) Synhedrin 46b-48b, Baba Batra 100a-102b. - Der Babylonische Talmud. Berlin 1933. Bd. 8. S. 645-656 u. S. 275-281. - Auch Mischna. Seder 6. Toharot. Traktat 2. Ohalot: Zelte. S. 364-395: „Das Gräberfeld."

[50]) Zu den folgenden Ausführungen sei auf den ausführlichen Aufsatz von Karl E. Grözinger (Die Totenruhe im Judentum. In: Menora 4, 1993. S. 259-272.) verwiesen.

[51]) Schulchan Aruch II, Jore Dea §363,364, zitiert nach K. E. Grözinger, Die Totenruhe. S. 262/263.

Wie unterschiedlich allerdings in dieser schwierigen und sensiblen Angelegenheit von den Rabbinern entschieden wird, zeigen zwei Beispiele. In den Kommentaren zum Schulchan Aruch wird Rabbi Meir Ben Ephraim Fischels (Prag 1703-1770) folgende Frage vorgelegt: Eine jüdische Gemeinde hatte einen Grabplatz für nur 150 Jahre pachten können. Danach sollte er zur Bestellung und Bebauung an die Nichtjuden zurückfallen. Inzwischen war es der Gemeinde jedoch gelungen, einen anderen Friedhof zu erwerben. Die Frage war nun, ob man die Toten von dem gepachteten auf den für ewig erworbenen Friedhof umbetten dürfe. In seiner Antwort zeigt der Rabbiner, wie wichtig ihm die Totenruhe war. Er entschied, man solle die Toten nicht umbetten, denn vielleicht wird inzwischen die Auferstehung der Toten eintreten oder man wird den gepachteten Platz ebenfalls endgültig erwerben können. In beiden Fällen wäre die Umbettung unnötig und nicht zu rechtfertigen gewesen. Wenn aber, so fügte er hinzu, die fällige Räumung der Gräber nach dem Ablauf der Pachtzeit von 150 Jahren nicht sichergestellt sei, wäre es besser, die Toten jetzt umzubetten. Die Ehre und Ruhe der Toten soll möglichst lange und möglichst endgültig gesichert werden. (Pithe Teschuva zu Jore Dea § 364)

Das zweite Beispiel stammt aus Hamburg-Altona. Rabbiner Meir Lerner (1857-1930) kam aber, obwohl vom gleichen Grundsatz geleitet, zu einer entgegen gesetzten Auffassung. Eine Straße bzw. ein städtischer Platz musste erweitert werden, was auf Kosten des jüdischen Friedhofs geschehen sollte. Rabbiner Lerner wurde daher vom Bürgermeister der Stadt gefragt, was zu machen sei. Sollte man alle Gräber des Friedhofs ausräumen und die Toten auf einen anderen Friedhof bestatten oder nur diejenigen Gräber, auf denen die Fundamente der Mauer errichtet werden, während die übrigen erhalten bleiben und durch einen Brückenbogen überspannt werden sollten. Rabbi Lerner antwortete: Es ist besser, alle Gräber in Würde auszuräumen und sie auf dem anderen Friedhof zu bestatten. Denn würde man die wenigen Gräber für die Mauern räumen, wäre es leidvoll, den Raum der übrigen Gräber einzuschränken. Es sei eine Schmach für die Gebeine der Toten, dass die Nichtjuden dort ihr Bauhandwerk verrichteten. Außerdem gebe es keine größere Schmach für die Toten als einen öffentlichen Weg über die Gräber zu legen.[52]

---

[52]) Beide Beispiele zitiert nach K. E. Grözinger, Die Totenruhe. S. 263.

5.3 Das Leben nach dem Tode - Körper und Seele

Dem Leser mag sich die Frage stellen, warum eine Umbettung oder gar eine Überbauung eines Friedhofs eine Schmach für die Toten darstellen kann. Sind nicht nach einigen Jahrzehnten die Körper und vielleicht auch die Gebeine längst zerfallen und „wieder zu Staub geworden"? Seit etwa dem ersten vorchristlichen Jahrhundert versteht die jüdische Anthropologie den Menschen als Verbindung aus Leib und Seele. Nach dieser Lehre wird die Seele des Menschen beim Zeugungsakt der Materie einverleibt und sie verlässt den Körper wieder beim Tode. Gleich nach dem Tode wird die Seele gerichtet. Sie muss, bevor sie in die Glückseligkeit des Paradieses einkehren kann, in einem zwölfmonatigen Fegefeuer geläutert werden. Nach dieser Läuterungsphase kommt die Seele ins Paradies und erhält dort ihren Lohn und die Glückseligkeit.[53]

Der Glaube an ein Leben nach dem Tode wuchs im jüdischen Volk in der Zeit des Zweiten Tempels. Er ist eng verbunden mit der Überzeugung, dass der Mensch über den physischen Tod hinaus die Verantwortung für sein Handeln trägt. In rabbinischer Sprache wurde das Jenseits „die künftige Welt" genannt (hebräisch Olam ha-ba), während das Diesseits „diese Welt" heißt (hebräisch Olam ha-sé). Unter dem Ewigen Leben verstand man entweder das Verweilen der Seele bei Gott, ohne damit materielle Vorstellungen zu verbinden, oder aber lebhafte Schilderungen von Paradies und Hölle. Auch über die Wiederbelebung der Toten gab es verschiedene Vorstellungen und Ansichten. Das Grundargument war, dass Gott, der Schöpfer allen Lebens, die Leiber der Toten wiederherstellen wird.

Die Rabbiner lehrten, dass die Auferstehung in Jerusalem beginnen werde. Man sorgte daher sehr konkret für diesen Tag vor. Es war zu allen Zeiten der Wunsch vieler Juden, in Jerusalem begraben zu sein. Nach einer Deutung zu 5. Moses 32,43 läutert das Land Israel die Sünden.[54] Da-

---

[53]) Zur Auferstehung siehe den entsprechenden Passus in Encyclopaedia Judaica. Das Judentum in Geschichte und Gegenwart, Bd. 3, Sp. 665-668 und den Art. Eschatologie in Bd. 6 (dto.), Sp. 765-771. - Siehe auch Jüdisches Lexikon. Ein enzyklopädisches Handbuch des jüdischen Wissens in vier Bänden. Berlin 1927, Nachdruck Königstein 1987. Art. Auferstehung in Bd. 1, Sp. 566-568 sowie die Art. Eschatologie, Seele und Unsterblichkeit.

[54]) 5.Mose 32,43: Du, Himmel, freu dich mit dem HERRN! Ihr Götter, werft euch vor ihm nieder! Der HERR nimmt Rache an den Feinden, weil sie die Seinen hingemordet haben. Doch seinem Volk schenkt er Vergebung und nimmt vom Land den Fluch der Schuld.

her wanderten zu allen Zeiten Juden nach Israel ein, und daher stammt der schon erwähnte Brauch, ein Säckchen Erde aus dem Heiligen Land unter das Haupt des Verstorbenen zu legen.[55]

Nach Vorstellungen die im Mittelalter von Rationalisten wie Maimonides vertreten wurden, scheint der Körper des Menschen nach dem Tod bedeutungslos zu sein. Der Körper wäre demnach nur von vorübergehender Natur, ein nicht weiter entscheidendes Durchgangsstadium im menschlichen Dasein. Eine solche Lehre braucht den Körper für das ewige Heil des Menschen eigentlich nicht mehr. Daher wäre eine besondere Fürsorge für den Ruheort der toten Körper nicht mehr notwendig. Doch ist die frühe jüdische Theologie bzw. Anthropologie - und in ihrem Gefolge eigentlich das gesamte Judentum - diesen Weg der Abwertung des Körpers zugunsten des Geistigen nicht gegangen. Die frühe rabbinische Lehre glaubt an die Bedeutsamkeit des Leiblichen für das menschliche Leben vor Gott in dieser Welt. Mit dem Körper befolgt der Mensch die Gebote Gottes auf Erden. Darum ist der Leib zusammen mit der Seele verantwortlich für das menschliche Tun und damit hat der Leib auch Teil an Lohn und Strafe nach dem Tode.

Der Tod bedeutet für das jüdische Denken nicht das Ende des Leibes, der Tod ist vielmehr nur eine vorübergehende Trennung von Leib und Seele, bis beide dereinst in der Auferstehung wieder zusammengeführt werden. Der auferstandene Mensch ist wieder derselbe Mensch aus Leib und Seele. Nach dieser rabbinischen Lehre lebt der Körper im Grab in einer ganz bestimmten Art und Weise weiter - auch oder obwohl er dabei der Verwesung ausgesetzt ist. Unmittelbar nach der Bestattung weitet sich nach altjüdischer Vorstellung das Grab und ein herbeigeeilter Engel vollzieht dort im Grab an dem Leib mit feurigen Peitschen die Grabesstrafe. Die Pein des Leibes wird sodann durch den Wurmfraß und die Verwesung fortgesetzt. Neben der Strafe erhält der Körper im Grab aber auch schon den ersten Lohn für sein irdisches Dasein. Er darf in Frieden auf seinem Lager ruhen, und kann so auf die Auferstehung warten. Nach jüdischer Vorstellung schlummert der Tote im Halbschlaf der Auferste-

---

[55] Der Glaube an die Auferstehung wurde nicht von allen Gruppen im Judentum angenommen bzw. sehr unterschiedlich aufgefaßt. Siehe hierzu Pnina Navé Levinson, Einführung in die rabbinische Theologie. 2. unv. Aufl., Darmstadt 1987. S. 76-80. - dto., Einblicke in das Judentum. Paderborn 1991. S. 173-182.

hung entgegen. Schon an dieser Vorstellung wird der Stellenwert der Grabesruhe deutlich. [56]

Die Toten befinden sich in einem Halbschlaf in den Gräbern, weil nach traditioneller jüdischer Auffassung die Toten in ihren Gräbern in den Kontext des irdischen Lebens einbezogen bleiben. Die ersten zwölf Monate, sagt der Talmud, besucht die Seele ihren Körper im Grab. Leib und Seele bleiben somit auch über den Tod hinaus in stetem Kontakt. Die Toten in den Gräbern sind nicht absolut tot. Zwischen ihnen und den Lebenden gibt es keinen Unterschied außer der Fähigkeit zu reden. Sie wissen aber alles; wie im Traum teilt ihnen die Seele alles mit. [57]

Nach diesen traditionellen jüdischen Glaubensvorstellungen bleiben die Toten in einer besonderen Weise dem Lebenskontext eingegliedert. Das Leben der Toten hat in gewisser Weise noch dieselben Strukturen wie das der Lebenden. Besucher des Wormser Friedhofs werden gern in das so genannte Tal der Rabbinen geführt, den Ort, an dem die großen Gelehrten dieser Gemeinde bestattet wurden. Der Grund für diese Gemeinschaft der toten Gelehrten ist der schon talmudische Grundsatz, dass Feinde im Leben nicht nebeneinander bestattet werden sollen, weil sie auch in ihren Gräbern keine Ruhe finden können. Man begräbt daher auch keinen Frevler neben einem Frommen und keinen Gelehrten neben einem Ungebildeten. Die Bestattung neben Gleichgesinnten dient daher auch dem Wohlbefinden der Toten.

Die Toten haben das Verlangen, mit der Gemeinschaft der Lebenden verbunden zu bleiben. Diese Gemeinschaft mit den Lebenden wird vor allem an dem Brauch deutlich, vor den Hohen Feiertagen im Herbst und an den Fasttagen zu den Gräbern der Verwandten und der großen Lehrer zu gehen. Man bittet sie um Fürsprache vor dem himmlischen Gericht. Dort am Grab ist die Seele des Toten häufig zu Besuch. Sie kann daher die Bitten der Lebenden in Empfang nehmen und sie weiterleiten. Die Wünsche und Bitten werden oftmals auf kleine Zettel geschrieben und anschließend auf den Grabsteinen der Weisen hinterlegt. Diese Zettelchen heißen im Jiddischen „kwitl" (von Quittung). Häufig findet man diesen Brauch an den Gräbern besonders herausragender Personen. Mit dem „kwitl" unterbreiten die Bittsteller dem „gutn jid", so die volkstümliche Bezeichnung für einen Wunderrabbi oder einen anderen Toten,

---

[56] K. E. Grözinger, Die Totenruhe. S. 264.
[57] Schabbat 152b. Der Babylonische Talmud. Berlin 1930. Bd 1. S. 927.

der als Heiliger verehrt wird, ihre Wünsche und Bitten, damit dieser sie beim höchsten Richter befürworte.

Nach den Vorstellungen der mittelalterlichen, mystisch beeinflussten jüdischen Totenliteratur bleibt im menschlichen Körper im Grab eine elementare Seele zurück, die in stetem Kontakt mit den von ihr getrennten Seelenteilen steht. Karl E. Grözinger sagt dazu in einem Vortrag über die Ruhe der Toten, dass „der Körper im Grab damit dank der ihm innewohnenden Grabesseele gleichsam die Verbindungsstelle zwischen der physischen und der spirituell-intelligiblen Welt [bleibt]. Der Körper des Menschen wird mit dem Tod nicht aufgegeben, sondern bleibt auch im Grab der Träger des menschlichen Geheimnisses, welches darin besteht, dass im Menschen die irdisch-materielle und die göttlich-spirituelle Welt verbunden sind als Seele und Leib."[58]

Diese Vorstellungen dokumentieren den festen Willen, dem körperlichen Dasein des Menschen auch über den Tod hinaus seinen unverzichtbaren Stellenwert zu geben. Dafür ist das Grab notwendig als der Ort der physischen Gegenwart des Körpers. Das Grab vertritt nach dem Tod die physische Präsenz des Menschen. Auf diese Weise bleiben die Toten auch in ihrer neuen Existenzart Glieder der synagogalen Gemeinde. Diese Präsenz der Toten sichert ihnen in der Gemeinschaft der Lebenden unverbrüchliche Rechte: das Recht auf eine würdige Bestattung, ein würdiges Grab und der Anspruch, dass der letzte Wille des Toten vollständig durchgeführt wird.[59]

Des weiteren ist es wichtig, dass der Tote mit all seinen Gliedern und in würdigen Totentüchern bestattet wird und dass sein Grab unversehrt bleibt. Nur so kann er erkennbar mit den Lebenden in Kontakt bleiben. Dieses Verlangen nach der körperlichen Unversehrtheit des Leichnams steht in Verbindung mit der erwarteten Auferstehung der Toten. In alten Quellen, so im Midrasch, heißt es, dass der Tote so aus dem Grab steigt, mit all seinen Gebrechen und Kleidern, in denen er bestattet wurde. „Darum sprach Gott: Sie sollen so erstehen, wie sie fortgegangen und hernach werde ich sie erst heilen."[60]

---

[58]) Zitat aus: K. E. Grözinger, Die Totenruhe. S. 267.
[59]) K. E. Grözinger, Die Totenruhe. S. 267/8.
[60]) Der Midrasch Bereschit Rabba. Das ist die Haggadische Auslegung der Genesis. Zum ersten Mal ins Deutsche übertragen von August Wünsche. Leipzig 1881. S. 469.

Obwohl der Körper im Grab zerfällt, hat der Auferstehende eine sichtbare Identität mit dem Verstorbenen, was wiederum ein weiteres entscheidendes Argument darstellt, die Unversehrtheit der Gräber zu fordern. Wie aber kann der dem Verwesungsprozess unterworfene Körper wieder in seiner Ganzheit auferstehen. Diese physisch-materielle Identität zwischen dem Begrabenen und dem Auferstehenden wurde durch den Glauben an ein menschliches Saatkorn aufrecht erhalten, das die Verwesung überdauert. Alles am menschlichen Körper verwest, bis auf ein winzig kleines Knöchelchen an der Spitze der Wirbelsäule (hebr. Lus sche-ba-Schidra - Nuss, Mandel). Dieses Knöchelchen bildet die materielle Verbindung zwischen dem irdischen Menschen und seinem Auferstehungsleib. Aus diesem Knochen wird sich bei der Auferstehung gleich einem Samenkorn die ganze Gestalt des Menschen wieder entfalten.[61]

Ein weiterer Grund für die dauernde Grabesruhe ist die Zusammengehörigkeit von Leib und Seele, die über den Tod hinaus geht. Die Seele besucht ihren Körper nicht nur von Zeit zu Zeit im Grab, ihr Schicksal ist vom Ergehen des verstorbenen Leibes abhängig. Erst wenn der Körper ordentlich zur Ruhe gebettet ist, vermag auch die Seele in die paradiesische Ruhe eingehen. Solange der Körper nicht an seinem eigenen Ort ist und Ruhe hat, kann auch die Seele keine Ruhe finden. Die Seele leidet an der unehrenhaften Behandlung des Körpers und an dessen Ruhestörung, denn selbst wenn der Körper verwest, bleibt das genannte Knöchelchen und die zugehörige Grabesseele im Grab. Wird ihre Ruhe gestört, ist auch die Ruhe der Seele im Himmel dahin. In der jüdischen folkloristischen Literatur gibt es viele Geschichten, in denen die Toten den Lebenden erscheinen, um sich über die Ruhestörungen zu beklagen, die ihnen widerfahren, wenn die Ruhe des Friedhofs gestört wird.[62]

Karl E. Grözinger stellt fest: *»Die Totenruhe, das Recht auf den eigenen, unzerstörten Grabplatz hat also [...] zum einen besitzrechtliche Gründe, sodann Grün-*

---

[61] K. E. Grözinger, Die Totenruhe. S. 269. - Rabbi Levi deutet den Vers „Draußen blüht der Mandelbaum" (Koh 12,5) so: Das ist die „Mandel" der Wirbelsäule. Hadrian, seine Knochen mögen zermalmt werden, fragte R. Jehoschua ben Chananja: Woraus wird der Mensch für die kommende Welt aufblühen? Er antwortete ihm: Aus der „Mandel" der Wirbelsäule. Er sagte: Zeig es mir! Was tat er? Er brachte eine „Mandel" der Wirbelsäule, legte sie ins Wasser; sie löste sich nicht auf; in Feuer und sie verbrannte nicht; in eine Mühle und sie wurde nicht zermahlen. Er legte sie auf den Amboß und schlug mit dem Hammer. Der Amboß brach in Stücke, der Hammer spaltete sich, doch nichts half. - Zitiert nach: Günter Stemberger, Midrasch. S. 134 u. 140.

[62] Ausführliche Quellenangaben bei K. E. Grözinger, Die Totenruhe.

de der Menschenwürde, soziologische Gründe und schließlich rituell-gottesdienstliche Gründe. Sie alle fordern die Grabesruhe und die Unversehrtheit des Grabes als hohes Gut. [...] Das jüdische Beharren auf der physischen Grabesruhe und der Glaube an den fortbestehenden Kontakt zwischen dem im Grab liegenden Leib und seiner Seele, die dereinst wieder auf ewig zusammengeführt werden, sind Ausdruck der festen Zuversicht, dass das physische menschliche Leben auf dieser Welt mit dem Tod nicht der Sinnlosigkeit anheimfällt.«[63]

6 Vom Familiengrab zum gemeinschaftlichen Friedhof

6.1 Die Ausbildung einer öffentlichen Begräbnisstätte

Die Israeliten haben ihre Toten begraben, ebenso wie die Kanaanäer, von denen sie die verschiedenen Grabformen übernommen haben. Die einfachste Art der Bestattung war die Verwendung von natürlichen Höhlen, deren Größe auch die Zahl der Beisetzungen bestimmte. Nur selten, bei herausragenden Personen verwendete man eine Höhle für nur ein Begräbnis. Diese Art der Beisetzung ist bereits seit etwa 3000 v.d.Z. bekannt. Später begann man die natürlichen Höhlen zu erweitern und auszugestalten. Die Ruhe der Toten wurde durch die Verschüttung des Eingangs gesichert. Dieser lag selten oben, meist führte der Eingang von der Seite her in die Höhle. Die Höhlen waren vorzugsweise im Besitz der Familien, die ihre Toten jeweils in ihr bestatteten.[64]

Wie aus den biblischen Erzählungen über den Tod der Urväter und ihrer Frauen ersichtlich ist, war es bereits damals Pflicht, eine Familiengrabstätte zu besitzen. Jeder sollte bei seinen verstorbenen Verwandten begraben sein. So entstand die bis heute bestehende Grabstätte der Urväter und Urmütter, die Mearát-Hamachpela in Hebron. Nachdem Abraham sich in Hebron niedergelassen hatte, erwarb er dort die Höhle der „Machpela", um in ihr seine Frau Sara zu begraben. Die Höhle diente dann der Familie Abrahams als Begräbnisstätte. Neben den Familiengräbern bestanden schon frühzeitig, spätestens zur Zeit Jeremias, öffentliche Begräbnisplätze für die Armen und für die Hingerichteten. In Jeru-

---

[63]) Zitate: K. E. Grözinger, Die Totenruhe. S. 268 u. 270.
[64]) Art. Grab. In: Encyclopaedia Judaica. Bd. 7. Sp. 606.

salem scheinen sie im Kidrontal gelegen zu haben.[65] Ein solcher Friedhof für die arme Bevölkerungsschicht in Jerusalem ist für die Herrscherzeit des Königs Joschijahu (638-609 v.d.Z.) belegt: „qewer benei ha-am", das Grabfeld des gemeinen Volkes, war der Name dieses Friedhofs.[66]

Die Bibel verbietet strengstens jede Form von Totenkult (z.B. Geisterbeschwörung, Totenanbetung etc.) sowie übertriebene Trauerbekundung mit Selbstverstümmelung, wie es bei den umliegenden heidnischen Völkern Brauch war. Aus diesem Grund war den Kohanim (Priestern) jeglicher Kontakt mit Toten strengstens untersagt (z.B. Totenwaschung, Aufenthalt mit einer Leiche, Beerdigung, Friedhofsbesuch etc.), um nicht in den Verdacht zu geraten, mit der „Geisterwelt" des Totenkults verbunden zu sein. Hierbei gab es jedoch eine Ausnahme beim Todesfall eines nahen Verwandten, an dessen Beisetzung er teilnehmen durfte. Auch heute befolgen traditionstreue Priesterabkömmlinge diese biblischen Gebote und halten sich von Toten und von Friedhöfen fern, mit Ausnahme beim Todesfall eines ihrer nahen Verwandten.

Nach der jüdischen Tradition gelten die Toten als unrein. Friedhöfe wurden daher stets außerhalb des jüdischen Wohngebiets angelegt.[67] Dies vermindert jedoch nicht die Pflicht, den Toten würdig zu behandeln und zu bestatten. Einen unbekannten, auf dem Weg gefundenen Toten zu bestatten gilt als die höchste Ehrenpflicht, die sogar einem Kohen oblag auszuführen.[68]

Vor dem Entstehen von öffentlichen Friedhöfen gab es bereits Familiengräber. Die Bestattungen fanden meist in Höhlen und unterirdischen Grotten statt. Manchmal wurden diese auch künstlich in die Felsen geschlagen. Die als Grabkammern dienenden Höhlen und Grotten waren

---

[65]) Art. Grab. In: Encyclopaedia Judaica. Bd. 7. Sp. 610. - Mischna. IV. Seder. Neziqin. 4. u. 5. Traktat. Sanhedrin-Makkot. S. 204-205: „Justifizierte werden auf besonderen Leichenfeldern beigesetzt. Man begrub sie aber nicht in den Gräbern ihrer Väter, sondern zwei Begräbnisplätze waren seitens des Gerichtshofs eingerichtet: das [der] für die Gesteinigten und Verbrannten, das [der] andere für die [mittels Schwert] Hingerichteten und Erdrosselten."

[66]) E. Roth, Zur Halachah des jüdischen Friedhofs. S. 97f. - 2. Kön 23,6: Er entfernte das Götzenbild der Aschera aus dem Tempel des HERRN und ließ es ebenfalls im Kidrontal verbrennen. Die Überreste ließ er zu Staub zerstoßen und zusammen mit der Asche auf den Gräbern des Armenfriedhofs ausstreuen.

[67]) Mischna. Seder 6. Traktat 2. Ohalot: Zelte. S. 51-65: „Die Verunreinigung durch einen Toten und ihre Übertragung."

[68]) M. Ydit, Kurze Judentumskunde. S. 120.

40

oftmals in verschiedene Räume eingeteilt, die Nischen für die Toten enthielten. Die Grabstätten wurden einerseits waagerecht in mehreren Reihen übereinander in die Felsen gehauen oder senkrecht in den Felsboden. Man unterscheidet demnach Schiebegräber von Senkgräbern. Daneben gab es Bankgräber, bei denen die Toten auf bankartigen Erhöhungen zur Ruhe kamen. Die Nischen und Eingänge zu den Grotten wurden durch Steine verschlossen, die durch steinerne Riegel gehalten wurden. Damit sollten Grabräuber, aber auch Tiere ferngehalten werden; auch wollte man Ansteckungen durch Leichengifte ausschließen. Daneben spielte sicherlich die Angst vor Geister und Dämonen eine Rolle.

Ein solches Familiengrab war jedoch eine teure Angelegenheit. Der Boden musste gekauft, die Grabkammern hergerichtet werden. Arme und Fremde konnten sich dies alles nicht leisten. Da es aber heilige Pflicht ist, die Toten zu begraben, gab es schon frühzeitig öffentliche Begräbnisplätze. Dies sind wahrscheinlich die „Gräber der Söhne des Volkes", die der Prophet Jeremia (26,23) erwähnt. In Jerusalem gab es sie im Kidrontal (2. Könige 23,6). Daneben gab es auch die schon genannten Grabstätten für Hingerichtete, da sie nicht in Familiengruften begraben werden konnten (1. Könige 13,22; Jesaja 53,9). Diese öffentlichen Begräbnisplätze sind die eigentlichen Vorläufer unserer jüdischen Friedhöfe.[69]

Beeinflusst durch das babylonische Exil entwickelten sich auch im Bestattungswesen bald neue Wege. Da es dort im Exil keine geeigneten Höhlen gab, traten an die Stelle der unterirdischen Gräber Grabfelder auf ebener Erde. Neben Familienbegräbnissen wurden bereits allgemeine Friedhöfe angelegt. Neue Grabformen entstanden auch in den Ländern der Zerstreuung. Da es den Juden immer schwerer gemacht wurde, Grund und Boden zu erwerben, musste der öffentliche Friedhof zum nahezu ausschließlichen Beerdigungsplatz werden. Auf diesem Wege hat sich die Zahl der Privatgräber vor allem in Europa zunehmend verringert und die Zahl der öffentlichen Friedhöfe vermehrt.[70]

Jüdische Grabmäler aus dem 2. und 3. Jahrhundert d.Z. in Hierapolis haben die Form von Sarkophagen und stehen frei auf dem Erdboden. Die Bestattung auf der Erdoberfläche dürfte ebenfalls auf der Halbinsel Krim üblich gewesen sein, wo man Grabsteine aus dem 4.-7. Jahrhundert wieder entdeckt hat. An die seit alters her gebräuchliche Form der

---

[69]) Alfred Udo Theobald (Hrsg.), Der jüdische Friedhof. Zeuge der Geschichte - Zeugnis der Kultur. Karlsruhe 1984. S. 58.
[70]) E. Roth, Zur Halachah des jüdischen Friedhofs. S. 98.

unterirdischen Grabanlagen knüpfte man dagegen in Italien an, wo man, wie auch die ersten Christen, Katakomben zu Grabanlagen ausbaute. Durch die Erforschung der Katakombe am Monte Verde steht fest, dass hier die Beisetzung in Felsnischen ähnlich wie in Israel beibehalten wurde. Dagegen wurde, wie auch nicht anders möglich, mit der Tradition der Familienbegräbnisse gebrochen. Die Katakomben blieben in Italien bis in das 9. Jahrhundert hinein in Gebrauch.[71]

Katakomben waren von Anfang an nur für Mitglieder einer bestimmten Glaubensgemeinschaft, jüdisch oder christlich, reserviert. Es waren keine Grabstätten, die nur einzelnen Familien vorbehalten blieben. Den Katakomben vergleichbar, aber einzelnen Familien und oft auch ihren Sklaven und den Freigelassenen vorbehalten, waren die Hypogäen (von griechisch hypogaios = unterirdisch). Sie wahrten immer einen stärker privaten oder halbprivaten Charakter und waren in ihren Dimensionen überschaubar. Die Katakomben konnten dagegen gewaltige Ausmaße erreichen. Die Gänge zogen sich über mehrere Geschoße hin, während ein Hypogäum sich meist mit einer Ebene begnügte. Doch haben auch die großen Katakomben ihren Ursprung in den privaten Hypogäen. Die großen, allgemein bekannten Katakomben Roms sind überwiegend christlichen Ursprungs. Die erste Anlage dieser Art entstand wahrscheinlich an der Wende zum 3. Jahrhundert. Diesen Katakomben gehen aber mit Sicherheit Anlagen voraus, die von Juden bereits im 2. Jahrhundert angelegt wurden.[72]

Es gab die sehr alte, schon erwähnte Tradition, dass der Jude im heiligen Land seine letzte Ruhestätte finden sollte. Bis zum heutigen Tag ist es die traditionelle Überzeugung, dass man entweder auf seine alten Tage nach Erez Israel auswandert, um dort zu sterben, oder aber seine Gebeine dorthin überführen lässt. Um die hohen Überführungskosten zu senken und mögliche Gefährdungen beim Transport einer Leiche auszuschließen, begrub man die Toten in biblischen Zeiten zunächst am angestammten Wohnsitz. Nach der Verwesung der Leiche wurden die Gebeine ausgegraben, gereinigt und so nach Israel gebracht, um zur letzten Ruhe gebettet zu werden. Mit der Zeit wurden auch diese Überführungen in das Land Israel immer schwieriger, doch die Sehnsucht in heiliger Erde begraben zu werden blieb unverändert stark. Schließlich wusste man sich zu helfen: Die Juden glaubten, dass die in der Diaspora

[71]) Art. Grab. In: Ecyclopaedia Judaica. Bd. 7. Sp. 613f.
[72]) Hans Körner, Grabmonumente des Mittelalters. Darmstadt 1997. S. 5/6.

Gestorbenen künftig auf unterirdischen Wegen in das Land Israel kommen werden (Midrasch Tanchuma Wajechi 3). Gott schafft Gänge, um die in der Diaspora Weilenden nicht zu benachteiligen. Nun konnten auch außerhalb des Gelobten Landes Friedhöfe angelegt werden.

Die ältesten jüdischen Friedhöfe in Europa sind sicherlich die Katakombengräber in Italien. Sie führen aber in gewisser Weise die Tradition der Höhlengräber fort, auch wenn sie nicht als Familiengräber angelegt sind. Die erste jüdische Katakombe in Rom wurde bereits 1602 vor der Porta Portese am Monte Verde entdeckt, dann war sie verschüttet, geriet erneut in Vergessenheit und ist erst im 20. Jahrhundert wieder entdeckt worden. Später konnten noch weitere Katakomben entdeckt werden.[73]

Das jüdische Bestattungswesen im Frühen Mittelalter ist weitgehend unbekannt. Der Prager Friedhof stammt frühestens aus dem 9. Jahrhundert. In Mainz fand man Grabsteine eines vielleicht schon 1013 angelegten Friedhofs. In Speyer erhielten die Juden, die dort 1084 von Bischof Rüdiger Wohnrechte zugesprochen bekamen, vom Bischof auch einen Friedhof zur Verfügung gestellt, der ihnen auf immer gehören sollte. Der Wormser Friedhof wurde 1076/77 errichtet, der älteste Grabstein dort stammt aus dem Jahr 1113. Auch in Ulm gibt es einen Friedhof, der ins 13. Jahrhundert zurückgeht. Viele andere Friedhöfe aus dem Mittelalter sind verschwunden. Sie wurden Opfer der Pogrome, die immer wieder die jüdischen Gemeinden heimsuchten, wie z.B. während der Zeit der Kreuzzüge und der Pestjahre zwischen 1345 und 1350. In diesen Jahren fielen auch die bereits bestehenden jüdischen Friedhöfe Westfalens der Zerstörungswut anheim.

Als vom 16. und 17. Jahrhundert an viele Juden sich auch in den Städten niederlassen konnten, entstanden dort neue Friedhöfe. Von ihnen sind einige noch heute erhalten. Die zwangsläufige Folge des Unversehrtheitsgebotes für alle Gräber war, dass auch in einer zahlenmäßig schwachen Gemeinde die Friedhofsfläche im Laufe der Zeit gänzlich belegt war und erweitert werden musste. So wurden zahlreiche Friedhöfe mehrfach durch den Ankauf neuer angrenzender Grundstücke vergrößert und mit einer gemeinsamen Mauer umschlossen. Da die ungünstigen Lagen häufig eine Erweiterung verhinderten, wurden im 19. Jahrhundert neue Friedhöfe an besser zugänglichen Stellen angelegt. So kam es, dass so

---

[73]) Alfred Udo Theobald (Hrsg.), Der jüdische Friedhof. S. 59.

manche ununterbrochen über Jahrhunderte an einem Ort ansässige jüdische Gemeinde über zwei oder drei Friedhöfe verfügte.

War in älteren Zeiten ein Friedhof belegt und konnte er weder erweitert noch ein neuer Friedhof angelegt werden, zwang sich eine andere Lösung auf. Dann wurde über die alten Gräber eine starke Erdschicht aufgeschüttet, in die wieder Tote eingebettet werden konnten.[74] Die Steine der alten Gräber wurden in der neuen Schicht neben den neu hinzukommenden aufgestellt. Diese Friedhöfe zeichnen sich heute durch eine dichte Anhäufung von Grabstelen der verschiedensten Epochen aus, wie sich das sehr anschaulich auf dem alten Friedhof in Prag beobachten lässt. In einigen Fällen wurden die Grabsteine dem Boden entnommen und am Rande des Gräberfeldes in einer Reihe neu aufgestellt. In anderen Fällen legte man die alten Steine flach auf die zugehörigen Grabstellen und schüttete anschließend die neue Erde darüber. Das natürliche Schicksal vieler Steine war, dass sie im Laufe der Jahrhunderte durch ihr Eigengewicht langsam im Erdboden versunken sind. Auf diese Weise sind in vielen Friedhöfen ganze Teile entstanden, die zwar belegt sind, aber keine sichtbaren Spuren von Gräbern mehr aufweisen. Zum Ende des 19. Jahrhunderts begann man vielfach die ältesten Steine eines Friedhofs, deren ursprüngliche Standorte nicht mehr zu ermitteln waren, an einem gesonderten Ort vor der Friedhofsmauer aufzustellen oder in diese einzulassen.

6.2 Der Friedhof hat in der jüdischen Tradition mehrere Namen

In der jüdischen Kultur kennt man seit alters her für den Friedhof mehrere Namen. Der Ausdruck *Beth ha qewaroth* (angelehnt an Nehemia 2,3)[75], das „Haus der Gräber", leitet sich von „Kewer awot", wörtlich „Grabstätte der Eltern", ab. Hier wird das Gefühl wachgerufen, das über Generationen all jene berührt hat, die - zur Auswanderung gezwungen - sich zum letzten Mal auf dem Friedhof versammelten, um von den Gräbern, die sie zurücklassen mussten, Abschied zu nehmen. Und zu den „Kewer awot" kehrt man, wenn man kann, zurück, um zur „Jahrzeit" oder vor den hohen Feiertagen im Herbst der Vorfahren zu gedenken.

---

[74]) E. Roth, Zur Halachah des jüdischen Friedhofs. S. 116.
[75]) Nehemia 2,3: Dann antwortete ich: „Der König möge ewig leben! Kann ich denn fröhlich aussehen? Die Stadt, in der meine Vorfahren begraben sind, ist verwüstet, und ihre Tore sind vom Feuer zerstört."

Im Talmud wird des Öfteren der *Beth ha qewaroth* erwähnt, der dabei stets den Charakter eines öffentlichen Friedhofs hat.

Hebräisch/aramäisch heißt der Friedhof *Beth olam*, das Ewige Haus oder das Haus der Ewigkeit (angelehnt an Koheleth 12,5[76]). Hiermit wird sowohl die Dauer der Ruhe als auch die Erwartung von Ewigkeit angedeutet. Ursprünglich war dabei an das einzelne Grab gedacht und nicht, wie später, an einen Friedhof. Der Ausdruck *Beth ha chaijm*, das Haus der Lebenden (angelehnt an Hiob 30,23: „Denn ich weiß, du wirst mich zum Tod gehen lassen, zum Haus, da alle Lebendigen zusammenkommen") vermeidet beschönigend die Nennung des Todes und weist auf die Auferstehungs- und Lebenshoffnung hin. Der lebendige Gott ist „kein Gott der Toten", sondern vermag die Toten wieder zu beleben. Aus dem Jiddischen ist der Ausdruck „Getort", eine Abwandlung von „der gute Ort" überliefert.[77]

6.3 Der Friedhof im Wandel der Geschichte

Im Laufe der Geschichte durften Juden in der Diaspora keinen Grundbesitz innehaben bzw. erwerben, daher wurde der öffentliche Friedhof der übliche Bestattungsort. Der Erwerb von Boden für einen jüdischen Friedhof war immer mit Schwierigkeiten verbunden. Oft war es notwendig, dafür lange zu kämpfen. So besaßen viele jüdische Gemeinden keinen eigenen Friedhof und mussten ihre Toten bei benachbarten Gemeinden bestatten. Der Friedhof der Gemeinde Regensburg diente anfänglich der gesamten Region Oberpfalz und Niederbayern - man kann sich die Dauer und die Mühen eines Transportes zur Beerdigung vorstellen.[78] Für die Rheinlande und Westfalen hatte der Kölner Friedhof vermutlich bis zum Beginn des 14. Jahrhunderts die Funktion einer zentralen Begräbnisstätte. Der Friedhof war in diesen Fällen das verbindende Element eines ganzen Kreises und die Stadt, in der der Friedhof lag, galt zum Beispiel als Zentrum der Jurisdiktion für die ganze Umgebung.[79]

---

[76]) Das Steigen fällt dir schwer, und bei jedem Schritt bist du in Gefahr zu stürzen. Draußen blüht der Mandelbaum, die Heuschrecke frisst sich voll, und die Kaperfrucht bricht auf; aber dich trägt man zu deiner letzten Wohnung. Auf der Straße stimmen sie die Totenklage für dich an (Koh 12,5).

[77]) E. Roth, Zur Halachah des jüdischen Friedhofs. S. 100.

[78]) M. Brocke, Grenzsteine jüdischen Lebens. S. 7.

[79]) E. Roth, Zur Halachah des jüdischen Friedhofs. S. 99.

Die zentrale Idee „Ruhen in Frieden", der Glaube an die Auferstehung und die daraus hergeleitete Notwendigkeit des ewigen Ruherechts veranlassten die jüdischen Gemeinden, das Friedhofsgelände für die Ewigkeit und nicht auf Zeit begrenzt zu erwerben. Deswegen konnte häufig nur unzugängliches Gelände, das für eine anderweitige Nutzung nicht geeignet bzw. interessant schien, erworben werden.

Bei Notfällen, wie der Enteignung des Friedhofsgeländes, wurden die Gebeine und die Grabsteine an eine andere Stelle überführt. Wo Friedhöfe verschwunden sind, geschah dies immer nur dann, wenn keine Gemeinde zurückgeblieben war.

Die ältesten Friedhöfe Europas stammen, wie bereits beschrieben, aus dem Mittelalter und befinden sich in Prag, Worms, Mainz, Köln und Ulm. Alle anderen mittelalterlichen Friedhöfe sind verschwunden. Sie sind, wie so viele jüdische Gemeinden, Opfer der gegen die Juden gerichteten Verfolgungen geworden.

Den mittelalterlichen Friedhöfen war gemeinsam, dass sie außerhalb der Stadtmauern lagen, während sich die christlichen überwiegend in unmittelbarer Nähe der Kirchen befanden. Zum einen verlangte jüdisches Recht die Anlage des Friedhofs außerhalb der Mauern, zum anderen kam darin die seit Jahrhunderten, vor allem seit den Kreuzzügen und den Pestjahren latent vorhandene Judenfeindschaft zum Ausdruck. Die Juden des Mittelalters mussten noch dankbar sein, wenn sie einen Begräbnisplatz im Stadtgraben erhielten.

Wenn im Mittelalter eine Stadt die in ihren Mauern lebenden Juden vertrieb, weil sie nicht länger gebraucht wurden oder weil sie am wirtschaftlichen Niedergang schuldig schienen, verfiel ihr gesamter Besitz den Städtern oder anderen sich darum streitenden Herren. Die Häuser wurden konfisziert, die Synagogen abgerissen oder zu Kirchen umgewandelt. Die Friedhöfe ebnete man ein und verwendete die Grabsteine als Baumaterial. So bestehen noch heute manche Bürgerhäuser der Regensburger Altstadt aus einigen jener 5000 Steine, die 1519 vom Friedhof entwendet wurden. Keine neunzig davon sind heute noch bekannt oder vorhanden. Auch aus anderen Städten sind solche Vorkommnisse bekannt, wo, dank der Zweckentfremdung, mittelalterliche Grabsteine in die heutige Zeit gerettet werden konnten.[80] So war ein Teil des mittelalterlichen Kölner Friedhofs in Schloss Lechenich am Niederrhein ver-

---

[80]) M. Brocke, Grenzsteine jüdischen Lebens. S. 7/8.

baut, ein anderer Teil trägt den Turmhelm der Burg Hülcherath zwischen Neuß und Grevenbroich. Diese Steine sind der Forschung bis heute kaum zugänglich.[81]

Auch das älteste noch erhaltene Grabsteinfragment Westfalens ist auf gleiche Art und Weise erhalten geblieben. Es ist auf den 25. Tamus 5084, das ist der 18. Juli 1324, datiert. Bei Bauarbeiten im unteren Teil des Kirchturms der Lambertikirche in Münster fand man 1887 einige Steine, die als jüdische Grabsteine identifiziert wurden. Sie stammten vom ersten jüdischen Friedhof. Die jüdische Gemeinde von Münster und auch ihr Friedhof fielen den großen Pogromen in der Zeit des „Schwarzen Todes", der Pest, um 1350 zum Opfer. Die in der Lambertikirche gefundenen Steine bewahrte man später im Landesmuseum für Kunst und Kultur auf, wo während des Zweiten Weltkriegs fast alle Steine bei Bombenangriffen zerstört wurden. Ein einziges Fragment ist erhalten geblieben und stand viele Jahren auf dem um 1811 angelegten neuen jüdischen Friedhof, bis der Stein aus konservatorischen Gründen in das jüdische Gemeindezentrum umgesetzt wurde.[82]

Das 20. Jahrhundert brachte mit der Gewaltherrschaft der Nationalsozialisten die totale Entrechtung, Verjagung, Deportation und Ermordung der deutschen und meisten mittel- und osteuropäischen Juden. Mit bisher nicht gekannter Radikalität und Totalität wurden die Menschen beraubt und ermordet. Die Friedhöfe blieben zunächst vielfach unbehelligt. Erst als die Menschen in die Vernichtungslager deportiert worden waren, traten die Friedhöfe in den Blick der Verwaltungen und drohten eingeebnet zu werden. Hätte das NS-Regime nur einige Jahre länger bestanden, gäbe es heute wahrscheinlich keine jüdischen Friedhöfe mehr. So sind zwar viele Friedhöfe der nationalsozialistischen Zerstörungswut zum Opfer gefallen, kaum ein Friedhof ist gänzlich unangetastet geblieben, doch Schändungen gab es hundertfach vor 1933 und gibt es hundertfach seit 1945. Anders als im Mittelalter haben immerhin nach Schätzungen ca. 1600 Friedhöfe, mehr oder weniger stark beschä-

---

[81]) M. Brocke, Grenzsteine jüdischen Lebens. S. 8. - M. Brocke spricht in diesem Zusammenhang von einer kulturhistorischen Gleichgültigkeit, die nicht selten ist.

[82]) Bernhard Brilling, Der älteste mittelalterliche jüdische Grabstein Westfalens. In: Westfalen 44, 1966. S. 212-217. - Westfalia Judaica. Quellen und Regesten zur Geschichte der Juden in Westfalen und Lippe. Bd. I: 10005-1350. Hrsg. von Bernhard Brilling und Helmut Richtering. 2. Aufl. mit Nachträgen von Diethard Aschoff. Münster 1992. S. 89. – Ein Abguss dieses Grabsteins wird in der Ausstellung des Stadtmusuems Münster gezeigt, ein weiterer Abguss steht im Jüdischen Museum Westfalen in Dorsten.

digt, jene Jahre überstanden.[83] Wenn in früherer Zeit religiöse Motive zu den Verwüstungen führten, so ist es seit den zwanziger Jahren dieses Jahrhunderts ein Vandalismus aus politischen Gründen.

Seit Mitte der fünfziger Jahre werden die jüdischen Friedhöfe nun offiziell geschützt. Ihre Pflege durch Kommunen und Länder ist gesetzlich geregelt. Doch zuweilen nützt auch dieser Schutz nichts, wenn die Pflege zu „gut" ist. In vielen Gemeinden werden die jüdischen Friedhöfe von den kommunalen Gemeinden gepflegt und die Flächen nur mit Rasen eingesät. Zur Vereinfachung der Pflege wird dann vielfach der Wunsch geäußert, die Grabumfassungen, der besseren Pflege des Grases wegen, abzuräumen. Nach Ansicht von Rabbiner Ernst Roth ist außer den Angehörigen niemand berechtigt, eine Grabeinfassung, die auf Wunsch und auf Kosten der Hinterbliebenen erstellt wurde, zu beseitigen. Auch ein Einebnen des Gräberfeldes darf nicht erlaubt werden. Unweigerlich würden die Spuren der Gräber verschwinden und die Friedhofsbesucher dann auf den Gräbern herumlaufen. Zwar ist das Betreten eines Grabes nicht konkret verboten, dennoch soll es vermieden werden.[84] Darüber hinaus werden Steine zur Restaurierung entfernt und später an anderer Stelle wieder aufgebaut, so, als käme es nicht auf die Gräber und die dazugehörigen Steine an, als vielmehr auf eine ordentliche und gut arrangierte Aufstellung. Die meisten Friedhöfe zeigen uns daher nicht mehr ihren ursprünglichen Zustand.[85] Auch tragen viele Steine Inschriftenplatten, die bei der Wiederherstellung als Ersatz für zerstörte angebracht wurden, mit zum Teil anonym gehaltenen hebräischen Inschriften (wie „Hier ruht ein jüdischer Mensch").

Inzwischen werden viele Friedhöfe nicht mehr als unangenehme Erinnerung, als „Altlast" empfunden. Sie werden mit wachsendem Bewusstsein für ihre religiöse, kulturelle und historische Bedeutung gepflegt und betreut. Vielerorts wird ein Besuch des lokalen jüdischen Friedhofs bereits in den Schulunterricht einbezogen. Darüber hinaus erfüllen die Friedhöfe auch heute noch ihre Funktion. Sie sind die Ruhestätten der Toten. Sie sind „lebendige" jüdische Einrichtungen, auch dort, wo es längst schon keine Gemeinden mehr gibt. Den Toten darf der Ruheort nicht genommen werden, warten sie doch auf eine Auferweckung „am Ende der Tage" und auf ein dauerhaftes Leben von Leib und Seele.

---

[83]) M. Brocke, Grenzsteine jüdischen Lebens. S. 10.
[84]) E. Roth, Zur Halachah des jüdischen Friedhofs. S. 118.
[85]) M. Brocke, Grenzsteine jüdischen Lebens. S. 10.

Vor der Vernichtung des jüdischen Lebens durch die Nationalsozialisten gab es für einige Jahrzehnte mancherorts getrennte Friedhöfe für die einzelnen Strömungen im Judentum: für Orthodoxe oder für Liberale. Die wenigen Überlebenden des NS-Regimes fanden sich nach 1945 ungeachtet ihres religiösen Standorts zusammen und bildeten, wegen ihrer geringen Zahl, so genannte Einheitsgemeinden. Entsprechend werden die heutigen Friedhöfe von allen religiösen Richtungen genutzt.

6.4 Die äußere Gestaltung des Friedhofs

Dem Betrachter bietet sich auf den älteren, vor der Mitte des 19. Jahrhunderts entstandenen Friedhöfen das unverkennbare Bild unregelmäßig-regelmäßiger Reihen von sich zu allen Seiten hinneigenden Grabsteinen. Da die älteren keine Sockel haben, versinken sie allmählich in der Erde. Ihre Formen leiten sich meist von nur wenigen Grundmustern ab, wobei die Steine immer höher als breit sind.

Auf den christlichen resp. nichtjüdischen Besucher wirken jüdische Friedhöfe, sofern sie noch in Gebrauch sind, oft sehr ungepflegt. Die jüdische Vorstellung weicht von der hierzulande üblichen Vorstellung über Grabpflege ab. So wird man selten Blumenschmuck finden. Da der Friedhof die Vergänglichkeit des Menschen symbolisieren soll, lässt man der Natur freien Lauf. Das einzelne Grab und der Friedhof werden vielmehr als Teil der Landschaft, allerdings als durchaus gepflegter Teil empfunden. In den sechziger Jahren des letzten Jahrhunderts geriet diese Frage zum Gegenstand einer heftigen, teils polemisch geführten Diskussion. Die führenden deutschen Vertreter der Orthodoxie, unter ihnen Samson Raphael Hirsch erklärten das Bepflanzen der Gräber mit Blumen und Bäumen entschieden für verboten. Die Orthodoxie meidet bis heute das Bepflanzen der Gräber. In Israel ist das Verbot von Baum- und Blumenbepflanzung, bis auf wenige Ausnahmen, z.B. in Jerusalem, nicht verbreitet.[86] Zur Abwehr möglicher Störungen der Totenruhe muss der Friedhof umschlossen, das Tor abschließbar sein. Die Schließung des Friedhofs am Schabbat und an Feiertagen ist religiöses Gebot, da diese Tage der Freude und nicht der Trauer verpflichtet sind.[87]

Der Friedhof muss, damit er eine würdige Stätte der Toten darstellt, in seiner Gesamtheit gepflegt werden. Mauern oder Zäune, Tore, Wege

---

[86]) E. Roth, Zur Halachah des jüdischen Friedhofs. S. 118.
[87]) E. Roth, Zur Halachah des jüdischen Friedhofs. S. 103f.

und Einfassungen müssen unterhalten, Hecken und Bäume können gestutzt werden. Als religiöse Grundvorstellung ist beachtenswert, dass es den Lebenden untersagt ist, einen irgendwie gearteten Nutzen aus dem Grabbereich bzw. dem gesamten Friedhof zu gewinnen. Daher dürfen auf einem Friedhof gefällte Bäume nicht kommerziell verwendet werden. Es werden lediglich abgestorbene Bäume entfernt.

Eine weitere biblische Vorschrift ist, dass der Gerechte nicht neben dem Sünder begraben werden darf.[88] Dieses heißt im allgemeinen, dass die „Nachbarn" im Friedhof möglichst gleich gesinnt sein sollen. Man findet daher auf einigen Friedhöfen Ehrenreihen für bedeutende Persönlichkeiten eingerichtet, so z.B. auf dem Friedhof Berlin-Weissensee. Auch schon der altehrwürdige Friedhof in Worms hat eine eigene Rabbinerabteilung. Andererseits wurden Kriminelle und Selbstmörder oft an der Mauer beigesetzt, wo sie keinen stören konnten. Diese Praxis ist im übrigen auch von den christlichen Friedhöfen bekannt. Zum Selbstmord lehrt die jüdische Religion, dass derjenige seinen Anteil an der kommenden Welt verliert, der sich das Leben nimmt. Der Selbstmord gilt als Frevel vor Gott, dem der Mensch sich nicht entziehen darf. Bei Selbstmördern entscheiden heute viele Rabbiner erleichternd, indem sie den Suizid als Folge einer unverschuldeten psychischen Erkrankung ansehen. Auch die Responsenliteratur hat in dieser Frage stets eine große Flexibilität bewiesen. Der Tote und die Angehörigen sollten für diese Erkrankung nicht bestraft werden.[89] Daneben gab es auf alten Friedhöfen auch eigene Gräberfelder für Männer, Frauen und Kinder.[90] Die Halacha schreibt aber nicht vor, dass Männer und Frauen nicht nebeneinander beigesetzt werden dürfen.[91] Die Kohanim hatten ebenfalls und haben meist auch heute noch ihren besonderen Beerdigungsplatz. Auch die Leviten, die von Moses das Vorrecht des Dienstes an den Priestern erhielten, hatten ihren eigenen Platz. Vielfach hatten auch die Unverheirateten ein eigenes

---

[88]) E. Roth, Zur Halachah des jüdischen Friedhofs. S. 110f. - Jesaja 53,9: Und man gab ihm sein Grab bei Gottlosen und bei Übeltätern, als er gestorben war, wiewohl er niemand Unrecht getan hat und kein Betrug in seinem Munde gewesen ist. - Jeremia 26,23: Die holten ihn aus Ägypten und brachten ihn zum König Jojakim. Der ließ ihn mit dem Schwert töten und ließ seinen Leichnam unter dem niederen Volk begraben.

[89]) E. Roth, Zur Halachah des jüdischen Friedhofs. S. 112f. - A. U. Theobald (Hrsg.), Der jüdische Friedhof. S. 61.

[90]) So z.B. in Frankfurt an der Battonnstraße. - Vgl. Klaus Meier-Ude, Valentin Senger, Die jüdischen Friedhöfe in Frankfurt. Frankfurt a.M. 1985. S. 17.

[91]) E. Roth, Zur Halachah des jüdischen Friedhofs. S. 110.

Gräberfeld, den Beschurim-Platz, weil nach jüdischer Auffassung ein Unverheirateter unnatürlich lebt und einem Ehemann nicht gleichwertig ist. Außerdem gab es auf manchen Friedhöfen den Hekdesch-Platz, den geweihten Platz. Auf ihn begrub man die Armen und Ortsfremden. Doch auch leblose, aber „ehrwürdige" Dinge wurden auf dem Hekdesch-Platz begraben, wie Gebetbuchreste oder zerschlissene Gebetbücher, zerrissene Gebetsriemen und -schals und beschädigte Torarollen. Teilweise findet sich der Brauch, dass eine unbrauchbare Torarolle in das Grab eines eben verstorbenen Gelehrten gelegt wurde.[92]

Auf einigen Friedhöfen, z.B. in Berlin finden sich separate Parzellen für nichtjüdische Ehepartner. Die Frage, wo der nichtjüdische Ehepartner beigesetzt werden soll, hat in den letzten Jahrzehnten an Bedeutung zugenommen. Gerade bei Ehepaaren, bei denen der nichtjüdische Partner in Zeiten der Verfolgung, trotz vieler Unannehmlichkeiten, fest zu seinem jüdischen Partner gestanden hat, sei es doch angebracht, beide auf dem jüdischen Friedhof gemeinsam zu bestatten. Rabbiner Roth vertritt hier die Meinung[93], dass für die Ordnung des jüdischen Friedhofs ausschließlich nur die Halacha und die Tradition als Richtschnur dienen können. Da aber ein Nichtjude auf einem jüdischen Friedhof nicht beerdigt werden darf, kann auch ein nichtjüdischer Ehepartner dort nicht bestattet werden. Für Roth sind es ausschließlich religiöse Motive, die seine Entscheidung bestimmen. Das Gebot der Toleranz sieht er in keiner Weise berührt. Weiter führt er aus: „Die Treue der Eheleute zueinander - die natürlich im höchsten Grade zu würdigen ist - ist ausschließlich Sache der betroffenen Ehepartner und darf die Ordnung des jüdischen Friedhofs nicht beeinflussen."[94]Auch die Abtrennung eines eigenen Feldes dürfe nicht gestattet werden, da der gesamte Friedhof einen einheitlichen Charakter hat, und es nicht erlaubt ist, einen Teil des Friedhofs zur Bestattung von Nichtjuden abzugeben.

Nach uralten Vorstellungen verunreinigen sich die Lebenden bei der Berührung von und im Umgang mit Toten. Vor allem für die Priester, die Kohanim, und deren Angehörige gelten hier besonders strenge Reinigungsvorschriften. Sie dürfen keinen Leichnam berühren und sich nur mit den Toten aus der engsten Verwandtschaft befassen. Daher werden

---

[92]) K. Meier-Ude, Die jüdischen Friedhöfe in Frankfurt. S. 18.
[93]) Zu den nachfolgenden Ausführungen siehe E. Roth, Zur Halachah des jüdischen Friedhofs. S. 114f.
[94]) Zitat: E. Roth, Zur Halachah des jüdischen Friedhofs. S. 114f.

Priester oft am Eingang begraben, um den Angehörigen die Möglichkeit zu geben, das Grab zu besuchen, ohne mit den anderen Gräbern in Berührung zu kommen. Ein solches Feld ist in Frankfurt am Main vorhanden. Es ist so eingerichtet, dass sich die Verwandten auch später den einzelnen Gräber bis auf einen geringen Abstand nähern können.[95]

Die Toten werden in Reihen begraben. Es gibt aber keine überall gültige Tradition, in welcher Richtung der Tote zu begraben ist. Üblich war und ist vielfach eine Ost-West-Ausrichtung der Gräber, bei der die Leiche mit den Füßen nach Osten liegt. Von Europa aus betrachtet liegen Erez Israel und Jerusalem im Osten. In der Synagoge befindet sich der Toraschrein stets an der nach Jerusalem ausgerichteten Wand und bei der Lesung der Tora wird sich ebenfalls nach Osten ausgerichtet. Wie beim Gebet der Mensch nach Osten schaut, so „blickt" auch der Tote nach Osten, d.h. nach Jerusalem. Daneben gab es den Brauch, die Toten in Nord-Süd-Richtung zu bestatten. Beide Formen hängen damit zusammen, dass der Tote so liegen soll, wie er bei der Auferstehung „zu gehen" hat, nämlich in das Heilige Land. Die Wege dorthin führen entweder über Land nach Osten, über Konstantinopel (dem heutigen Istanbul) oder Richtung Süden, gegen das Mittelmeer. Die Halacha selbst kennt keine Vorschriften.[96]

Das Bedürfnis, Verwandte und Verheiratete zusammen zu betten, ist nicht neu. Es besteht länger als der seit der frühen Neuzeit bekannte Brauch, die Toten weniger nach der zeitlichen Abfolge der Todesdaten, sondern eher gemäß ihrer eigenen familiären Zusammengehörigkeit zu beerdigen. Doch lassen sich hier kaum feste Regeln finden.[97]

Fast jeder Friedhof hat ein oder mehrere eigene Gebäude für die Rituale und Liturgien, die mit der Beisetzung des Toten verbunden sind. So sollte jeder Friedhof über einen Raum verfügen, in dem alle Gegenstände, die zu einer Beerdigung erforderlich sind, aufbewahrt werden. Gebraucht werden eine Bahre mit einer Decke, das Tahara-Brett zur Leichenwaschung, Erde aus dem Heiligen Land und Geräte zur Anfertigung des Sarges und des Grabes.[98] Da in Deutschland die Bestattung erst nach ei-

---

[95] E. Roth, Zur Halachah des jüdischen Friedhofs, S. 111. - A. U. Theobald (Hrsg.), Der jüdische Friedhof. S. 61. - M. Brocke, Grenzsteine jüdischen Lebens. S. 70.

[96] E. Roth, Zur Halachah des jüdischen Friedhofs. S. 109.

[97] M. Brocke, Grenzsteine jüdischen Lebens. S. 73.

[98] Zu den nachfolgenden Ausführungen vgl. E. Roth, Zur Halachah des jüdischen Friedhofs. S. 104-106.

ner Wartefrist gestattet ist, kommen auf den Friedhöfen noch Aufbahrungsräume bzw. Kühleinrichtungen hinzu.

Die Waschung des Toten kann zwar in der Wohnung des Toten vorgenommen werden, wurde aber schon in der Vergangenheit, vor allem in größeren Ortschaften, meist in einem besonderen Raum resp. Haus auf dem Friedhof ausgeführt. Ernst Roth geht in seinem Aufsatz zur Halacha des jüdische Friedhofs davon aus, dass schon vor dem 15. Jahrhundert die meisten jüdisch-deutschen Friedhöfe ein Tahara-Haus (Tahara = Leichenwaschen) hatten. Heute gehört eine derartige Einrichtung zu jedem größeren Friedhof.

Kurz vor der Beisetzung wird eine besondere Liturgie gesprochen, die die Kenntnisnahme des göttlichen Urteils über den Tod enthält. Diese Liturgie kann natürlich auch unter freiem Himmel auf dem Friedhof oder im Trauerhaus gesprochen werden. Auf vielen Friedhöfen ist jedoch ein eigenes Haus bzw. ein eigener Raum, das „Zidduq-ha-din-Haus" vorhanden. In diesem Raum kann auch die eigentliche Trauerfeier stattfinden, während der die Trauerrede (hebr. Hesped) gehalten wird. Bei einem größeren Zeremonialgebäude findet diese in der Leichenhalle statt. Da die Kohanim nicht mit einer Leiche unter einem Dach sein dürfen, müssen, damit sie dennoch an Trauerfeiern teilnehmen können, besondere bauliche Vorkehrungen getroffen werden.[99]

Es gibt zwei grundsätzliche Lösungen. Im ersten Fall bahrt man den Toten in der Leichenhalle auf und errichtet einen kleinen Anbau für die Kohanim, der vorschriftsmäßig von dem Haupthaus getrennt ist. Wenn aber der Rabbiner selbst ein Kohen ist, versagt diese Lösung. Es muss dann auf die zweite, kompliziertere Lösung zurückgegriffen werden. Der Tote resp. der Sarg wird in einer abgetrennten Nische aufgebahrt, so dass sich der Rabbiner nun mit der Trauergemeinde im selben Raum befindet.

Auch das Verhältnis der Juden zur bildenden Kunst wird auf den Friedhöfen deutlich. Vom Mittelalter bis in die Mitte des 19. Jahrhunderts hinein haben sich die Merkmale der Grabsteingestaltung nur geringfügig verändert. Die zu Beginn des Jahrhunderts einsetzenden politischen Zeitströmungen - Emanzipation und Assimilation - wandelten auch das

---

[99]) In seinem Aufsatz von 1909 nennt S. Bernfeld als Beispiel München, wo die Friedhofshalle entsprechend eingerichtet werden musste, weil der Rabbiner ein Kohen war. - Simon Bernfeld, Friedhofshallen. In Ost und West, 1909. Sp. 681-690. Hier Sp. 688/689.

Selbstverständnis des Judentums und führten aus der Jahrhunderte langen Isolation heraus. Die alte jüdische Friedhofskunst wurde vor allem in städtisch geprägten Gemeinden durch Tendenzen aus dem Bereich der bildenden Kunst und durch das Selbstdarstellungsbedürfnis der bürgerlichen Schichten nahezu völlig verdrängt. Im 19. Jahrhundert will man, und das gilt gleichermaßen für die christliche Gesellschaft, die Erfolge seines Lebens auch nach dem Tode zur Schau stellen. Wenn es nicht mehr auf ein ewiges Leben ankommt, bedarf es des Grabsteins zur Fixierung des vergangenen Lebens. Nach einem übertriebenen Repräsentationsbedürfnis kehrten schließlich nach einigen Jahrzehnten wieder Ruhe und Ausgeglichenheit in die formale Gestaltung ein.[100]

Die lange als Grabstein vorherrschend gewesene so genannte sumerische Stele, ein aufrecht stehender, rechteckig behauener Stein mit halbkreisförmigem oberen Abschluss, geriet besonders dort, wo sich liberal-religiöse Auffassungen entwickeln konnten, zunehmend in Vergessenheit. An ihre Stelle traten Grabdenkmäler, die durch die nichtjüdische bürgerliche Umwelt geprägt, ganz in Einklang standen mit dem jeweiligen Zeitgeschmack. Diese Veränderungen im Erscheinungsbild ergaben sich vor allem auf den Friedhöfe der großen Städte. Es entstanden zum Teil monumentale Erbbegräbnisse für wohlhabende Gemeindemitglieder und deren Familien. Diese liegen meist entlang der Hauptwege bzw. an den Außenmauern. Vielfach wurden für Verstorbene, die sich um ihre Gemeinde oder um das Judentum besonders verdient gemacht haben, eigene Ehrenreihen angelegt. Innerhalb der von den Hauptwegen umschlossenen Abteilungen blieb es jedoch überwiegend bei schlichten Grabsteinen, meist in der Form eines Obelisken, aber auch in der klassischen Stelenform. Diese Friedhöfe unterscheiden sich mit Blick auf die prachtvollen Grabmonumente zunächst nicht von den christlichen Friedhöfen der Zeit. Erst auf den zweiten Blick erkennt der Betrachter, dass viele Grabsteine den Davidstern tragen und meist nur kurze Inschriften in hebräischer Schrift. Viele Grabmäler weisen überhaupt keine jüdischen Zeichen mehr auf, sondern entsprechen ganz dem Geschmack der Zeit. Es finden sich Sarkophage, kleine Tempelanlagen, Urnen, bedeckt mit Leichentüchern, sowie mehr oder weniger schlichte Steine mit fast allen auch von den christlichen Friedhöfen her bekannten Symbolen mit Ausnahme des Kreuzes.

---

[100]) M. Brocke, Grenzsteine jüdischen Lebens. S. 13.

In den Zwanziger Jahren entstanden auf vielen Friedhöfen gesonderte Beisetzungsfelder für die Gefallenen des Ersten Weltkriegs, so genannte Ehrenhaine. Wo keine Bestattungen gefallener Soldaten stattgefunden hatten, gedachte man meist mit einem besonderen Denkmal der Toten der Gemeinde. Die großen Ehrenhaine und Denkmäler stehen in ihrer patriotischen Ausrichtung denen der christlichen Friedhöfe und damit der bürgerlich-christlichen Gesellschaft in keiner Weise nach.[101]

Auch bei den für die Herstellung von Grabmälern üblichen Materialien ergaben sich Veränderungen. Hatte man bis zur Mitte des 19. Jahrhunderts ausschließlich Sandsteine verschiedener Qualitäten verwendet, wurden ab dieser Zeit auch andere Steine verarbeitet, darunter hauptsächlich polierter Granit zur Herstellung von Obelisken und Säulen sowie Marmor, häufig als kleine beschriftete Tafeln in die Grabsteine eingelassen; aber auch so genannte Kunststeine, z.B. Beton und Zementguss, fanden Verwendung.[102]

Der große jüdische Friedhof in Breslau mit ca. 16.000 Begräbnissen ist ein anschauliches Beispiel für einen „liberalen" Friedhof.[103] Die jüdische Gemeinde Breslaus war, geprägt durch das liberale Rabbinerseminar, ebenfalls liberal eingestellt. Mit annähernd 25.000 Mitgliedern war Breslau bis zum Beginn der NS-Zeit die größte jüdische Gemeinde Deutschlands, noch vor Berlin. Viele der Grabsteine zeigen noch die typische Stelenform, andere ihre „bürgerliche" Weiterentwicklung die „Obeliskenform". Steine mit ausschließlich hebräischen Inschriften finden sich kaum. Allerdings gibt es eine ganze Reihe von Steinen mit zweisprachigen, hebräisch-deutschen Inschriften. Viele Steine tragen dagegen nur noch deutsche Inschriften. Neben den Steinen, die nur die Namen und biographischen Daten wiedergeben, finden sich zahlreiche deutschsprachige Inschriften, die die traditionellen hebräischen Inschriften nachzuahmen versuchen. Bei vielen Inschriften wird aber die literarische Qualität ihrer hebräischen Vorbilder nicht erreicht. Neben Eigendichtungen werden auch Zitate aus der Literatur verwendet. So findet sich

---

[101]) Auch hier sei wieder auf den großen Berliner Friedhof Weissensee verwiesen, aber auch in anderen Städten wie in Frankfurt an der Rat-Beil-Straße oder in Köln-Ehrenfeld finden sich Ehrenfelder bzw. große Gedenkanlagen.

[102]) Eva Grulms, Bernd Kleibl, Jüdische Friedhöfe in Nordhessen. Bestand und Sicherung. Kassel 1984. S. 14.

[103]) Die Gründung des Friedhofs an der Lohestraße erfolgte 1856. Heute hat dieser Friedhof den Status eines Museums für Grabmalskunst.

z.B. auf dem Grabstein einer jungen Frau ein Zitat aus „Emila Galotti" von G.E. Lessing: „Eine Rose gebrochen, ehe der Sturm sie entblättert."

Während die bildliche Darstellung des Toten auf seinem Grab eine lange Tradition in der europäischen Bestattungskultur hat, gilt für die Grabmäler der Juden das im Dekalog ausgesprochene Verbot, die menschliche Gestalt abzubilden. Die christlichen Denkmäler im 19. und frühen 20. Jahrhundert sind in vielfältiger Weise mit einem zum Teil recht aufwendigen Skulpturenschmuck ausgestattet: Da gibt es Allegorien, Portraits der Verstorbenen, Christusfiguren und Scharen von Engeln und Heiligen. Im Zuge der Assimilierung wird sich auch auf jüdischen Friedhöfen vereinzelt über dieses Verbot hinweggesetzt, allerdings nur in verschwindend geringer Zahl. Neben den Abbildungen der Verstorbenen finden sich hier und da Reliefs mit Motiven der Antike (Abschiedsmotive), aber auch figürliche Skulpturen. Selbst auf den großen Berliner Friedhöfen wie z.B. Weissensee bleibt das Bilderverbot von wenigen, meist unspektakulären Ausnahmen abgesehen bestehen. Die wohl älteste bildliche Darstellung zumindest für Berlin findet sich auf dem Friedhof an der Schönhauser Allee. Es ist ein Portrait der Sophie Löwe in Relieform. Sie starb 1876 im Alter von nur 29 Jahren. Der Ehemann Ludwig Löwe war ein entschiedener Anwalt der Emanzipation gewesen. Mit diesem Relief wollte er seiner nach nur neunjähriger Ehe verstorbenen Frau ein Denkmal der Gattenliebe setzen. Was sonst in Inschriften kundgetan wurde, sollte hier die bildliche Darstellung übernehmen. Die zweite Darstellung stammt aus dem Jahre 1895 und zeigt den beim Bergsteigen tödlich verunglückten Studenten Paul Model.[104] Beide Darstellungen waren stets sichtbar und konnten nicht abgedeckt werden. Auch auf anderen Friedhöfen finden sich auf einzelnen Gräbern plastische, emaillierte oder fotographische Bildnisse der Verstorbenen. Als Konzession an das traditionelle Bilderverbot und mit Rücksicht auf orthodoxe und konservative Gemeindemitglieder waren die meisten Portraits mit einem Deckel verschlossen, dessen Scharniere oftmals noch erkennbar sind. Wahr-

---

[104]) Alfred Etzold, Jüdische Friedhöfe in Berlin. Frankfurt a.M. 1988. S. 65-67.

scheinlich wurde der Verschluss nur vorübergehend bei den Grabbesuchen von Verwandten und Freunden geöffnet.[105]

Auf jüdischen Friedhöfen selten anzutreffen sind vollplastische Darstellungen, zumal von Menschen. Sie sind im religiösen Bereich selbst bei reformerischen und assimilierten Kreisen des 19. Jahrhunderts eine Ausnahme. Erste Auseinandersetzungen, ob es erlaubt sei ein Bild oder eine Fotografie des Verstorbenen am Grab anzubringen, gab es bereits im 19. Jahrhundert. Die liberalere Auslegung hatte keine Probleme mit ihrer Zustimmung, da das Bild nur dazu diene, das Gedächtnis des Toten lebendig zu halten. Neben Darstellungen der Verstorbenen sind trauernde Frauengestalten wie auf den nichtjüdischen Friedhöfen auch auf den jüdischen Begräbnisplätzen wiederkehrende Motive.

Insgesamt bleibt die Großplastik auf jüdischen Friedhöfen stets etwas Außergewöhnliches, sieht man einmal von so weltstädtischen Friedhöfen wie Wien oder Budapest ab. Selbst auf Friedhöfen, die von der Gestaltung der Grabmäler her als modern bezeichnet werden können, finden sich oftmals keine bildlichen Darstellungen. Als ein Beispiel sei hier der Neue Jüdische Friedhof in Prag, 1891 eröffnet, angeführt. Auf diesem Friedhof finden sich Grabmonumente von der Neogotik über die Neorenaissance, den Jugendstil, den Klassizismus und Purismus bis zum Konstruktivismus, kurz gesagt alles, was die Friedhofsarchitektur beeinflusste. Viele der Grabmäler wurden überdies von bedeutenden Prager resp. tschechischen Architekten und Bildhauern der jeweiligen Stilrichtung errichtet. Dennoch finden sich nur ganz wenige bildliche Darstellungen, die zudem nahezu ausschließlich in reliefierter Form als Plaketten oder Medaillons gehalten sind.[106]

Michael Brocke vermutet in seinem Buch über die Friedhöfe am Niederrhein, dass die Seltenheit großer Bronzestatuen auf jüdischen Friedhöfen auch damit zusammenhängt, dass durch die Metallsammlungen während des Zweiten Weltkriegs, die auch zu einer so genannten „Entschrottung"

---

[105]) Ernst Roth erwähnt einen Fall aus den Responsen, in dem ein Rabbiner sich zu einem Grabstein äußern sollte, der mit einer Portraitbüste des Verstorbenen versehen war. Er entschied, dass an diesem Grabstein nicht gebetet werden dürfe, der Stein daher entfernt werden müsste. Ein zweiter Rabbiner entschied zudem, dass es sich bei dem Friedhof um eine Gemeinschaftseinrichtung handele, und jede umstrittene Änderung daher die Zustimmung der ganzen Gemeinde erfordere. Da außerdem an diesem Stein nicht gebetet werden könne, hätte er auf einem jüdischen Friedhof keinen Platz. - E. Roth, Zur Halachah des jüdischen Friedhofs. Teil 2. S. 111.
[106]) Frantisek Kafka, Neuer Jüdischer Friedhof. Prag 1991. S. 27.

der jüdischen Friedhöfe geführt haben, alles Metallene von den Begräb-nisplätzen entfernt wurde.[107] Dennoch gibt es einige wenige Ausnah-men. So finden sich z.B. auch auf Friedhöfen in Nordrhein-Westfalens eindrucksvolle plastische Darstellungen. Auf dem Friedhof zu Münster steht ein ebenfalls auf christlichen Friedhöfen verbreitetes, der industri-ellen Produktion entstammendes Motiv: eine junge Frau, die sich auf eine gebrochene Säule aufstützt. Die Friedhöfe in Düsseldorf, Dortmund und Krefeld weisen dagegen einige individuelle Auftragsarbeiten auf. Bekann-te Künstler wie der Dortmunder Benno Elkan (1877-1960) und Leopold Fleischhacker (1892-1946) haben dort mit einigen Skulpturen und gro-ßen, ausgeprägten Reliefs ihre Spuren hinterlassen.[108]

Nach dem Zweiten Weltkrieg wurde das Bestattungswesen auf den deut-schen Friedhöfen wieder schlichter. Die heute auf vielen jüdischen Fried-höfen üblichen Steine sind denen auf den christlich-kommunalen Fried-höfen sehr ähnlich. Als jüdische Zugaben finden sich neben dem Davids-stern meist nur in hebräischen Buchstaben die Abkürzungen für „Hier liegt begraben" und für die Segensformel „Seine / Ihre Seele mögen ein-gebunden sein in das Bündel des Lebens". Bedingt durch die Zuwande-rung von jüdischen Familien aus den Ländern der ehemaligen Sowjet-union sieht man zwischenzeitlich auch Gräber mit Blumenschmuck. Al-lerdings versuchen die jüdischen Gemeinden durch entsprechende Fried-hofssatzungen ihren Friedhöfen einen „jüdischen" Charakter zu erhal-ten.

Ein spezifisch jüdischer Brauch, der sich bis heute auf allen jüdischen Friedhöfen beobachten lässt, ist die Ehrung des Toten durch ein vom Besucher auf dem Grabstein abgelegtes Steinchen. Noch immer fehlt ei-ne belegbare Herleitung dieser Gewohnheit, die jedenfalls nicht in den über 600 Geboten und Verhaltensregeln der jüdischen Überlieferung enthalten ist und auch nicht in der Bibel angesprochen wird. Im Laufe der Zeit haben sich verschiedene Erklärungen für diesen Brauch gebil-det. So wird auf die Bestattungspraktiken von Wüstenvölkern verwiesen, die Steine auf die Gräber legten, um sie so vor dem Zugriff von wilden

---

[107]) Adolf Diamant, Jüdische Friedhöfe in Deutschland - eine Bestandsaufnahme. Frank-furt a.M. 1982. S. III. - M. Brocke, Grenzsteine jüdischen Lebens. S. 81.

[108]) M. Brocke, Grenzsteine jüdischen Lebens. S. 81-85. - Von B. Elkan finden resp. fan-den sich Grabmäler mit Skulpturen u.a. auf dem Ostfriedhof von Dortmund, in Godes-berg, Wickrath, Heidelberg, Köln, Karlsruhe, Aachen Mainz; architektonische Grabmäler in Göttingen, Essen, Freiburg und Mannheim. (Große Jüdische National-Biographie. Bd. 2. S. 161f.)

Tieren, Geiern oder Schakalen zu schützen. Jeder, der an einem solchen Grab entlang kam, legte einige Steine zum Schutz hinzu. Vielleicht handelt es sich auch um einen Brauch, der sich aus der jüdischen Tradition einer möglichst schlichten Bestattung ableitet. Eine weitere Erklärung ist, dass die einfachen jüdischen Gräber in biblischer Zeit aus einzelnen aufeinander geschichteten Steinen bestanden, bei deren Zusammenstellung Freunde und Verwandte des Verstorbenen mithalfen. Andere wiederum deuten das Steinchenlegen als eine symbolische Geste zur Unterstreichung der Worte des Totengebets „Erde zu Erde, Staub zu Staub". Dieser Brauch wird aber auch mit der Vorschrift in Verbindung gebracht, nach der die Bestattung so schlicht wie möglich sein soll, ohne Grabschmuck und ohne Blumen. Der Trauernde soll sich nach der genau begrenzten Trauerzeit wieder dem Leben zuwenden. Das mag der Grund dafür sein, dass in Ausdeutung dieser religiösen Vorschrift ein Steinchen auf dem Grabstein dem verbleibenden Schmerz und der Verehrung des Toten genügend Ausdruck gibt.[109]

7 Monumente der Erinnerung

7.1 Die Grabsteine

Ein jüdischer Grabstein - auf Hebräisch Mazzewa (Denkmal)[110] - hatte neben seinem kultischen Zweck, der darin bestand, den Bestattungsort zu markieren und vor Beschädigungen zu schützen, auch die Aufgabe, den Namen des Verstorbenen zu bewahren. Das Grabmal verlängert, wenn nicht sogar verewigt, den Namen und das Andenken des Verstorbenen. Der Ursprung der traditionellen Form des vertikalen Typs bei aschkenasischen Grabmälern lässt sich aus Mangel an erhal Belegen aus der ältesten Zeit nicht zuverlässig bestimmen. Entwicklungsmäßig hängt diese Form offenbar sowohl mit den Schrifttafeln aus den spätantiken jüdischen Katakomben als auch ganz besonders mit der rustikalisierten Form provinzieller römischer Grabmäler dieses Typs zusammen, die seit

---

[109]) P. Melcher, Weissensee. S. 16. - K. Meier-Ude, Die jüdischen Friedhöfe in Frankfurt. S. 3/4.

[110]) Neben „Mazzewah", dem im späteren Sprachgebrauch häufigsten Begriff für „Grabstein", erwähnt E. Roth noch die Begriffe Zijjun (Zeichen) und Nefesch (Seele). - Ernst Roth, Zur Halachah des jüdischen Friedhofs. Teil 2. In: Udim. Zeitschrift der Rabbinerkonferenz der Bundesrepublik Deutschland. Bd. V. Frankfurt a.M. 1974/75. S. 89-124. Hier S. 90. - In diesem zweiten Teil seines Aufsatzes befasst sich E. Roth ausführlich mit den Grabsteinen, und zwar vor allem aus halachischer Sicht.

dem 7. Jahrhundert in Süditalien und Frankreich auftauchten. Sie haben die Gestalt einer rechteckigen oder quadratischen Steinplatte mit einer eingravierten hebräischen Inschrift. In größerer Zahl sind mittelalterliche aschkenasische Grabmäler erst aus dem 13./14. Jahrhundert erhalten, das belegen Funde aus französischen, rheinischen und niederösterreichischen Gemeinden. Tatsächlich sind Steine nur auf den allerältesten mittelalterlichen Judenfriedhöfen in Worms und Frankfurt erhalten geblieben. In Böhmen wurden die ältesten, überwiegend dem 14. Jahrhundert entstammenden Grabsteine in Prag und Eger, in Mähren in Brünn und Znaim gefunden. Aus diesen ältesten erhaltenen Beispielen geht hervor, dass die jüdischen Grabsteine die Gestalt grob bearbeiteter rechteckiger Steinplatten von nicht ganz regelmäßiger Form hatten, mit rechtwinkligem Abschluss und beigeschnittenen Ecken, seltener halbrund und ausnahmsweise wie ein gotischer Dreipass, normalerweise ohne jedwede Verzierung außerhalb der eingravierten hebräischen Inschrift aus verhältnismäßig großen Zeichen und manchmal auch eines tiefen Rücksprungs rings um die Inschriftfläche. Der obere Abschluss dieser allerschlichtesten Stelen wurde im wesentlichen für den aschkenasischen Grabmalstypus maßgeblich, wie er sich später in den verschiedensten Abwandlungen und Variationen bis in die Mitte des 19. Jahrhunderts fortentwickelt hat.

Seit dem Frühmittelalter bestand sein wichtigster und oft einziger Schmuck in einer hebräischen Inschrift, die stets den Namen des Verstorbenen, Todes- oder Begräbnisdatum, aber auch mannigfaltige Lobsprüche enthielt. Im Laufe der Zeit kamen interessante Angaben über Beruf und Leben des Verstorbenen hinzu. Der Grabstein kann zudem eine nicht unerhebliche historische Bedeutung haben. Diese historische Bedeutung eines Epitaphs als schriftliche Quelle für die jüdische Geschichte hängt vor allem vom Alter des Grabmals ab. Da die Belege über jüdische Ansiedlungen aus älteren Zeiten recht lückenhaft sind, kann eine Grabinschrift zum einzigen und unersetzlichen Zeugnis für die Existenz einer jüdischen Gemeinde werden. Aus diesem Blickwinkel sind vor allem alle Grabsteine aus der Zeit vor dem 18. Jahrhundert wertvoll, von denen aber nur wenige erhalten geblieben sind. Die meisten wurden bei Pogromen zerstört oder als Baumaterial verwendet. Den späteren Grabmälern aus dem 18. und 19. Jahrhundert kommt in dieser Hinsicht eine wesentlich geringere Bedeutung zu, weil in dieser Periode die Grabinschriften immer mehr durch anderweitige schriftliche Quellen ersetzt werden konnten. Ein besonderes historisches Gewicht haben allerdings auch für diese Zeit die Inschriften auf den Grabsteinen bedeutender Persönlichkeiten, die in der Regel mehr enthalten und wertvolle Aufschlüsse über Leben und Taten des Verstorbenen liefern.

Die ältesten erhaltenen Grabsteine waren nur mit hebräischen Lettern versehen, die den Namen und das Datum der Errichtung überlieferten. Zusätzliche Symbole kamen in der Barockzeit auf, als die Grabsteine reicher und aufwendiger wurden. Die frühesten erhaltenen Grabsteine stammen aus dem 12. Jahrhundert. Sie präsentieren sich in der Form eines Rechtecks, gelegentlich mediterraner Tradition folgend, mit leicht angedeuteter Dachaufsattelung der Oberseite, mit einem unter Belassung eines Rahmenbandes vertieften Schriftfeld, in das die hebräische Schrift wiederum vertieft eingeschlagen war. In seltenen Fällen genügte eine Steinritzung zur Markierung des Rahmens. Die Grabsteine zeigen also eine äußerst knappe, kunstlose Ausformung. Das vertiefte Schriftfeld erscheint gelegentlich schon im 12. Jahrhundert nach oben abgerundet, wenig später in der Form eines Halbkreises.

Die obere halbrunde Rahmung des Schriftfeldes wird zur oberen halbrunden Form des Steines entwickelt. Dieser Typus bleibt für alle folgenden Zeiten erhalten, zumindest aber bis ins 19. Jahrhundert. Zu Beginn des 16. Jahrhunderts wird der rundbogige Abschluss im Ansatz symmetrisch eingezogen, so dass der Halbkreis gegenüber dem hochrechteckigen Schriftfeld des Steines in Umriss und Rahmung akzentuiert erscheint. Dieses Halbkreisfeld dient alsbald der Darstellung der verschiedenen Symbole. Es kann als Kreissegment oder als gestelzter Halbkreis erscheinen.

Diese oben rund ausgeformten Grabsteine wurden häufig als die „romanischen" bezeichnet, obwohl die Steine der Romanik, soweit dies überhaupt bekannt ist, rechteckige Steine oder Tafeln waren. Auch kann ein Bezug der Steinbildhauer dieser Grabsteine zum Rundbogen der romanischen Zeit sicherlich ausgeschlossen werden. Vielmehr handelt es sich um schlichte, archetypische Formenbezüge. Der Halbkreis ist das Abbild des Himmels über uns. Diese Form des Grabsteins verbindet den im Erdreich liegenden Toten mit dem Himmel, in dem sein Gott wohnt. Sie ist Ausdruck einer Endzeithoffnung.[111]

An der Wende des 14. und 15. Jahrhunderts wurde ein breit rechteckiger bis fast quadratischer Grabsteintyp von streng rechtwinkliger Form mit

---

[111]) A. U. Theobald (Hrsg.), Der jüdische Friedhof. S. 50.

einem vorspringenden Sims am Oberrand oder einer breiten Umrahmung der Schriftfläche immer beliebter. Als Material verwandte man meist Sandstein. Diese relativ großen und starken, auf der Rückseite nur grob bearbeiteten Platten wirken besonders durch ihre schlichte blockhafte Form und ihre Monumentalität. Die als Flachrelief gravierte Schrift war sehr exakt ausgeführt. Um eine gleichmäßigere und ausgewogenere Flächenverteilung zu erzielen, wurden die Zeilenschlusszeichen manchmal wie in den Handschriften länger ausgezogen. Die ältesten Grabsteine dieses Typs gibt es auf dem Friedhof von Worms, seit 1439 auch in Prag, wo sie mit nur geringen Abwandlungen bis zum Ende des 16. Jahrhunderts gebräuchlich waren. Auch auf den zahlreichen Friedhöfen in Böhmen und Mähren findet man Stelen dieses Typs, meist in etwas vergröberter Ausführung.[112]

Trotz eines Festhaltens an eingeführten Traditionen und Formen macht sich in der zweiten Hälfte des 16. Jahrhunderts beim Grabstelendekor ein Hang nach einer reicheren Gliederung und der Verwendung von Renaissance-Schmuckelementen bemerkbar. Die Rechteckform wird durch einen niederen Voluten verzierten Giebel, durch die Umrahmung des Schriftfelds mit Hilfe von Renaissancekartuschen oder angedeuteten Säulenformen in einem flachen Relief zu beiden Seiten, aber auch durch eine kräftigere Unterteilung der Schriftfläche in zwei oder drei Felder aufgelöst. Einhergehend mit dieser sich zögernd durchsetzenden Flächenaufteilung, die die bisherige Geschlossenheit und blockhafte Monumentalität der Steine auflöste, kam es vielfach auch zu einem Materialwechsel. Neben dem traditionellen Sandstein wurde auch Marmor verwendet. Zu Beginn des 17. Jahrhunderts hatte der Marmor z.B. auf dem Prager Altstädter Friedhof den Sandstein nahezu verdrängt. In den ländlichen Regionen blieb allerdings der Sandstein bis in das 19. Jahrhundert hinein das vorherrschende Material. Die noch im 16. Jahrhundert in knappem bildhauerischen Relief im Gegensatz zur Schrift erhabenen Grabsteinsymbole der Juden wurden im 18. Jahrhundert in der Vielfalt der Motive erweitert. Es tritt der Löwe hinzu, eine Anspielung auf Juda, den Vater des wichtigsten israelitischen Stammes, den Jakob als Löwe geschaut hatte. Jetzt wird die Krone als Zeichen des guten Namens dessen, zu dessen Haupt und Ehre der Stein aufgestellt wurde, von einem gegenübersitzenden, aufgerichteten Löwenpaar getragen. Es symbolisiert die Glaubensstärke.

---

[112]) P. Ehl, Alte Judenfriedhöfe Böhmens und Mährens. S. 14.

In der Renaissancezeit kam es auch im allgemeinen Dekor zu Veränderungen, die zu einer reicheren Verwendung von renaissancehaften Schmuckelementen führte. Sie gaben die Grundlagen für eine allmähliche Ausarbeitung einer neuen architektonischen Gliederung der Stelenflächen ab. Das halbkreisförmig abgeschlossene Schriftfeld wird seitlich von Pilastern oder Säulenprofilen mit Sims und Architrav umrahmt; darüber ist in einer Kartusche eine einleitende Überschrift angebracht. Die Stele läuft in einem Voluten verzierten oder gespaltenen Giebel mit einem Mittelaufsatz aus. Diese Flächenaufteilung kann dann, in abgewandelten Formen und mannigfaltigen Varianten, das ganze 17. und 18. Jahrhundert hindurch im Zusammenhang mit der allgemeinen Stilentwicklung von der Spätrenaissance über Barock und Rokoko bis in die Zeit des Klassizismus verfolgt werden. Im 18. Jahrhundert ist es das zeitgenössische Rocaillewerk mit plastischen Voluntenformen, das einen reliefierenden Rahmenschmuck bildet. Zum Ende des Jahrhunderts treten plastisch reliefierende Fruchtgehänge auf. Rocaillewerk, Voluten und Fruchtgehänge sind Formen, die auch in der christlichen und profanen Kunst weite Anwendung finden.

Am Anfang des 19. Jahrhunderts werden die jüdischen wie die christlichen Grabsteine wieder spartanisch einfach. Diese Tendenz entspricht dem zeitgenössischen Stil, dem Klassizismus, der sich gegen alles Barocke, gegen die durch Üppigkeit verwilderten Formen wendet. Die Rückbesinnung auf die Urform der Kunst bringt den Archetyp des jüdischen Grabsteins wieder stärker zum Vorschein: den Inschriftenstein mit dem eingezogenen Rundbogen als oberen Abschluss und Bekrönung. Die ausgeprägte plastische Gliederung schwindet und vereinfacht sich bis hin zum Grundtyp einer bogenförmig geschlossenen Stele. Diese traditionelle Form hat im übrigen neben den genannten, von den jeweiligen künstlerischen Phasen beeinflussten Grabmälern ununterbrochen auf vielen kleinen Dorffriedhöfen weiter bestanden.

Auf dem alten Friedhof von Prag kann die beschriebene Entwicklung des jüdischen Grabmaldekors in ihrer ausgeprägtesten Form beobachtet werden. Aber auch auf vielen anderen Friedhöfen in Böhmen und Mähren wie auch in Südostpolen finden sich Grabsteine aus dem 17. und 18. Jahrhundert. Hier kommt aber der architektonisch gegliederte Typ wesentlich seltener und in vereinfachter Gestalt zum Zug, die tektonischen

Gliederungselemente verlieren ihre Funktion und werden oft nur als Dekorelemente verwendet.[113]

Neben der Entwicklung von Grabsteintypen, die in ihrer Grundstruktur in vielen Regionen verbreitet waren, gibt es die Ausbildung regionaler Typen und Formen. In großen jüdischen Gemeinden und wichtigen administrativen Zentren des jüdischen Lebens im östlichen Mitteleuropa, d.h. vor allem in Böhmen, Mähren und Polen, entstanden häufig Steinmetzbetriebe, die sich nahezu ausschließlich mit der Herstellung von Grabdenkmälern befassten. Eine solche kontinuierliche Produktion und Spezialisierung konnte die Grabsteinherstellung auf einem hohen handwerklichen und künstlerischen Niveau halten, sie weiterentwickeln und bereichern. Dabei konnte es durchaus zur Ausbildung eigener neuer Typen kommen. Da die Grabsteine aus diesen Steinmetzbetrieben nicht nur „vor Ort" Verwendung fanden, sondern auch in die Provinz verkauft wurden, begegnet man dort den Versuchen örtlicher Steinmetze, die Steine aus den großen Betrieben zu kopieren, allerdings meist aus preiswerterem Material und in vereinfachter Form. Auch führt das Vorkommen bestimmter Materialien in einer Region dazu, dass anstelle des traditionellen Sandsteins das lokale, meist besser geeignetere oder wertvollere Material verwendet wurde. So finden sich z.B. in Böhmen auf einer ganzen Reihe von Friedhöfen Grabsteine aus weißem Marmor.

Um das Jahr 1600 entstand in Prag eine ganz neue Form des horizontalen Grabmals: eine vierwandige Tumba mit zwei hohen Giebelseiten, einem klassischen Sarkophag ähnlich, auf Hebräisch *Ohel* (Stätte) oder im Volksmund *Häusl* (Häuschen) genannt. Diese aufwendigen Grabmäler wurden für gewöhnlich nur über den letzten Ruhestätten der bedeutendsten geistlichen und weltlichen Gemeindevorsteher errichtet. Ihre Konstruktion bot auch größeren Raum für die Anbringung umfangreicher poetischer Texte, in denen die guten Taten und das Leben des Verstorbenen gepriesen wurden. Die beiden ältesten und größten Tumben findet man auf den Gräbern der überragendsten Gestalten aus dem Prager Ghetto der Renaissance - des Bürgermeisters in der Judenstadt Mordechai Maysel von 1601 und seines Zeitgenossen Jehuda ben Bezalel, genannt der Hohe Rabbi Löw, aus dem Jahr 1609. Auf dem Prager Friedhof findet man noch weitere ca. zwanzig solcher Grabmäler, aber auch auf einigen anderen Friedhöfen in Böhmen sind diese Tumben zu finden. Außerhalb dieser Region sucht man diese Form des Grabdenkmals

---

[113]) P. Ehl, Alte Judenfriedhöfe Böhmens und Mährens. S. 14.

aber vergebens; zumindest hat sich kein vergleichbares Denkmal erhalten.[114]

Die Emanzipationsbestrebungen in der zweiten Hälfte des 19. Jahrhunderts fanden auch in der Grabmalskunst einen unmittelbaren Ausdruck. Viele der aus dieser Zeit erhaltenen Grabsteine zeigen eine mehr oder weniger den christlichen Steinen angepasste Form. Sie erhielten vor allem in den Städten die „denkmalhaften" Züge der christlichen Grabstätten, indem man sie auf einen festen Sockel stellte. Zu den alten Formen, die mehr und mehr verwilderten, kam mit Vorrang der Obelisk als Sinnbild einer festen Gesinnung, die gebrochene Säule als Emblem für das früh beendete Leben und die antikisierende oder gotisierende Stele mit entsprechenden Verdachungsprofilen aus der christlichen Tradition. Die Reichen bekamen Prunkgräber aus poliertem Granit, über und über mit Ornamenten verziert oder Sarkophage aus Marmor, teils erhoben auf hohen Podesten. Mit Ausnahme christlicher Symbole wie Kreuz und Engel war fast alles erlaubt. Auch noch das Ausgefallenste fand auf manchem jüdischen Friedhof seinen Platz. So waren in einer bestimmten Zeit auf hohe Sockel gestellte Urnen mit darüber gehängten Trauertüchern beliebt, ein anderes Mal der Antike nachempfunden abgebrochene Säulen oder Miniaturtempel in griechischem Stil.

In der zweiten Hälfte des 19. Jahrhunderts und noch zu Beginn dieses Jahrhunderts kam es auf einigen Friedhöfen zu abgetrennten Bereichen. Den Traditionalisten behagte meist die aufwendige und in keiner Weise als jüdisch empfundene Form der Bestattung und Grabmalsgestaltung nicht mehr. Sie konnten auf einigen großen Friedhöfen wie z.B. in Frankfurt an der Rat-Beil-Straße eigene Bereiche einrichten, auf denen sie im alten, schlichten Stil weiter bestatteten. Auf diesem Friedhof kam 1925 noch ein weiteres Feld hinzu, auf dem jeglicher Blumenschmuck verboten war. Dies war für diejenigen gedacht, die zwar mit dem Reformkurs einverstanden waren, aber weiterhin auf den zum Teil üblich gewordenen Blumenschmuck verzichten wollten.[115]

Da den Juden in Deutschland die handwerklichen Berufe erst im 19. Jahrhundert geöffnet wurden, mussten sie über Jahrhunderte ihre Grabsteine meist bei nichtjüdischen, christlichen Steinmetzen anfertigen lassen. Der Auftraggeber hatte dafür zu sorgen, dass die Gebote seines

---

[114]) P. Ehl, Alte Judenfriedhöfe Böhmens und Mährens. S. 15.

[115]) K. Meier-Udet. Die jüdischen Friedhöfe in Frankfurt. S. 40.

Glaubens und die Wünsche seiner Väter genau beachtet wurden. Deshalb ist die Kunst, wenn sie zur Anwendung kam, stilistisch identisch mit der allgemeinen Kunst. Sie ist nur dem Inhalte nach anders als die christliche Kunst.

Ein besonderer jüdischer Friedhof auf deutschem Boden findet sich in Hamburg. Ein sefardischer Begräbnisplatz liegt unmittelbar neben einem aschkenasischen Friedhof. Die Sefarden sind die ursprünglich aus Spanien stammenden Juden. Nach ihrer Vertreibung im Jahre 1492 kamen Gruppen von ihnen nach Mitteleuropa. Sie ließen sich unter anderem in Amsterdam und Hamburg[116] nieder, wo sie zumindest vorübergehend bedeutende Gemeinschaften bildeten. Ihre Grabsteine und Friedhöfe unterscheiden sich deutlich von den hier beschriebenen und uns vertrauten aschkenasischen Friedhöfen. Die spanischen Juden legten besonderen Wert auf gepflegte Steine. Auf einer Reihe erhaltener Grabinschriften des 14. Jahrhunderts wird ausdrücklich hervorgehoben, dass der Stein aus einem schönen eigens ausgesuchten Marmorblock gemeißelt sei. Von der Pflege, die die Sefardim auch in der Verbannung ihren Steinen angedeihen ließen, zeugen unter anderem ihre Friedhöfe in Ouderkerk in Amsterdam, in Hamburg und in London. Ihre Grabdenkmäler sind Deckplatten in der Größe des Grabes und, für Vornehmere, sarkopharkartige Steingehäuse, meistens in Giebeldachform. Das Dekor der Deckplatten entspricht dem der christlichen Gedächtnistafeln der Barockzeit, wie man sie an den Mauern der Kirchen findet. Die Symbolik zeigt die allgemeinen Embleme des Todes wie einen gefällten Baum, einen fliegenden Vogel, eine geknickte Rose, Totenschädel, Sense, gesenkte Fackel, Stundenglas, trauernde Genien, ferner auch biblische Szenen. Den Kopfteil der Platten schmücken die Wappen der sefardischen Familien, die übrige Fläche ist in Felder aufgeteilt, von denen das eine die Grabinschrift trägt.[117]

Jüdische Grabsteine haben auch für die Geschichte der jüdischen Kunst eine beträchtliche Bedeutung. Auch wenn ihre Ausführung offen-

---

[116]) Es ist der Friedhof an der Königstraße in Altona. - Zur Geschichte der sefardischen Juden in Hamburg siehe Michael Studemund-Halevy (Hrsg.), Die Sefarden in Hamburg. Zur Geschichte einer Minderheit. 2 Bde. Hamburg 1994 u. 1997. - Zur Geschichte dieses Friedhofs: Jürgen Faust, Michael Studemud-Halevy, Betahaim. Sefardische Gräber in Schleswig-Holstein. Glückstadt 1997. - Siehe auch: Gaby Zürn, Der Friedhof der Portugiesisch-Jüdischen Gemeinden in Altona (1611-1902). In: M. Studemund-Halevy, Die Sefarden in Hamburg. Teil 1. S. 103-124.

[117]) Art. „Grab". In: Encyclopaedia Judaica. Bd. 7. Sp. 634.

sichtlich in vielen Regionen nicht das Werk ausschließlich jüdischer Steinmetze war, waren doch ihre Gestaltung und ihr Dekor das Ergebnis einer engen Zusammenarbeit von Inschriftverfassern und anderen jüdischen Kunsthandwerkern, ohne deren Mitwirkung die Entstehung der wertvollsten Beispiele judaischer Friedhofsplastik gänzlich undenkbar war. Diese Grabsteine müssen daher für eine der traditionellen jüdischen Kunstgattungen erachtet werden, die in all ihren Erscheinungsformen aus spezifischen kulturellen und religiösen Traditionen erwachsen sind. Daher kann man auch einen engen Zusammenhang zwischen dem Schmuck hebräischer Handschriften und Drucke, Synagogaltextilien und Goldschmiedearbeiten wie auch den Grabsteinen entdecken und darin gemeinsame symbolische Formen und eine besondere Symbolsprache finden, die die jüdische Tradition über die Jahrhunderte selbst hervorgebracht hat. Die Grabsteine mögen im Vergleich zu anderen jüdischen Kunstgattungen weniger vollkommen wirken, doch bringen sie andererseits stärker als jedes andere Genre die besondere Verbindung von jüdischen und bodenständigen Kunsttraditionen und die sich daraus ergebende Vielfalt und Originalität neuer Lösungen zum Ausdruck.[118] Es ist daher nicht nur die Kunst, die den Denkmalschutz für die Friedhöfe begründet, sondern die besondere Kultur, die religiös begründete Sitte, die in jedem Friedhof anschaubar und erlebbar wird.[119]

7.2 Die Grabinschriften

Die auf jüdischen Friedhöfen erhaltenen Grabsteine sprechen zu uns, doch bleibt den meisten Betrachtern ihr Reden unverständlich. Es genügt nicht, die Hemmnisse der hebräischen Schrift und Sprache zu überwinden. Die hebräische Epigrafik (Inschriftenkunde) hat ein eigenes System von idiomatischen Ausdrücken und Abkürzungen geprägt, die erst entschlüsselt werden müssen.[120]

Die ältesten erhaltenen Grabsteine haben keine Inschriften, sondern tragen nur Ornamente. Doch scheint die Inschrift in alter Zeit schon sehr gebräuchlich gewesen zu sein. Im Talmud wird unter den Dingen, die das Studium erschweren, „das Lesen der Schrift auf einem Grabstein"

---

[118]) P. Ehl, Alte Judenfriedhöfe Böhmens und Mährens. S. 12.

[119]) A. U. Theobald (Hrsg.), Der jüdische Friedhof. S. 51-53.

[120]) Hier sei auf das Buch von Frowald Gil Hüttenmeister verwiesen: AHG. Abkürzungsverzeichnis hebräischer Grabinschriften. Frankfurt a. M. 1996.

aufgezählt. [121] Von den in Pannonien aufgefundenen Steine haben die einen Text aus einem Gemisch von griechisch und Latein, die anderen sind nur lateinisch. Die Katakombenfunde aus Rom haben in ihrer großen Mehrzahl griechische Inschriften. Diese entstammen dem 1. bis 3. Jahrhundert. Im 3. und 4. Jahrhundert finden sich lateinische Inschriften. Drei Inschriften enthalten eine hebräische Eulogie. Meist finden sich bei allen Grabbeschriftungen knappe hebräische Formeln wie *Schalom* oder *Schalom al Israel* (Frieden über Israel). Die Inschriften in den Katakomben sind die ersten, die als eigentliche Grabinschriften verstanden werden können. Es fehlt zwar noch das Sterbedatum, doch enthalten sie den Namen und die gesellschaftliche oder berufliche Stellung, eine Charakteristik sowie zum Teil ein sehr ausführlich Lob und eine Verherrlichung des Toten. Sein Lebensalter wird auf Tage genau berechnet und auch der Stifter des Grabsteins wird mit seinem verwandtschaftlichen Bezug zum Toten genannt. Manche Inschriften sind sehr ausführlich gehalten. Sie beginnen meist mit *hic jacet* bzw. einer entsprechenden griechischen Formel. Den Schluss bilden Wünsche und Eulogien wie „in Friede ruhe er", „das Gedächtnis des Gerechten ist ein Segen", „niemand ist unsterblich", „komme in Frieden zur Ruhe". Insgesamt bieten die Inschriften in den Katakomben bereits die wichtigsten Formeln für die späteren Grabsteininschriften. [122]

Die Grabsteine müssen Inschriften tragen. Es können knappe oder ausgiebig Berichtende und Preisende sein. Alles was über die notwendigen persönlichen Daten und Angaben hinausgeht, stammt aus biblischen und frühnachbiblischen Vorlagen. Nach der Zeit der griechischen und lateinischen Inschriften, die parallel zu den hebräischen verwendet wurden, setzte sich seit dem 8./9. Jahrhundert das Hebräische als alleinige Sprache wieder durch und blieb für gut 1000 Jahre in ganz Europa vorherrschend. Von der Mitte des 19. Jahrhunderts an verlor es in Deutschland rasch an Boden.

Die Inschriften auf den jüdischen Grabmälern sind meist in hebräischer Quadratschrift ausgeführt, deren Form sich bereits im Altertum stabilisiert hat. Diese Schrift bietet mit ihrer sich stets wiederholenden Quadratform der Einzelzeichen und mit der abgestuften Stärke der senk-

---

[121]) Horajoth 13b. Der Babylonische Talmud. Bd. 9. Berlin 1934. S. 749. „Zehn Dinge sind für das Studium unzuträglich: [...] Manche sagen, auch wenn man die Inschriften auf den Gräbern liest."
[122]) Art. „Grab". In: Encyclopaedia Judaica. Bd. 7. Sp. 625f.

rechten und schrägen Züge eine Vielzahl an ornamentalen Gestaltungs-
möglichkeiten, von denen übrigens schon in den mittelalterlichen Handschriften in vollem Umfang Gebrauch gemacht wurde. Die Schrift der ältesten erhaltenen mittelalterlichen Grabsteine ist verhältnismäßig groß
und nicht ganz regelmäßig verteilt. In der Renaissance werden dann eher
kleinere, regelmäßige, als tiefes Basrelief scharf geschnittene Lettertypen
üblich, die dank der so entstehenden Schattenwirkung ausgezeichnet les-
bar sind. Im Barock nahm die hebräische Quadratschrift größere Abmes-
sungen und dekorativere, im Flachrelief aus einem aufgerauten Hinter-
grund gemeißelte Formen an.[123]

Für die historische Auswertung einer solchen Inschrift ist natürlich das
Datum die wichtigste Angabe. Da das Hebräische keine besonderen
Symbole für Ziffern besitzt, haben die Buchstaben sowohl Ziffern- wie
Zahlenwerte. Der Zahlenwert wird durch die alphabetische Reihenfolge
der Buchstaben ausgedrückt. Meist signalisieren kleine Punkte über den
einzelnen Buchstaben, dass es sich um Zahlenwerte handelt. Das Datum
enthält in der Regel den Tag in der Woche, den Tag im Monat und das
Jahr nach der jüdischen Zeitrechnung „seit Erschaffung der Welt". Diese
wird von den Rabbinen auf das Jahr 3761 v.d.Z. angesetzt, so dass das
Jahr 1997/98 d.Z. (+3761) dem jüdischen Jahr 5758 entspricht.[124] Mit
anderen Worten, die Daten auf allen bekannten Grabsteinen fallen bereits ins sechste Jahrtausend. Die Jahreszahl wird manchmal nicht wie
üblich mit einer Zahlenreihe am Ende oder Anfang der Inschrift angegeben, sondern in einem Chronostich, d.h. als Summe von mehreren
numerischen Werten besonders markierter Buchstaben oder ganzer
Worte innerhalb eines Epitaphs.

Bei den älteren Texten befindet sich das Datum am Ende der Inschrift.
Von der zweiten Hälfte des 16. Jahrhunderts an wird zuweilen das Datum an erster Stelle angeführt, was später, vom 17. Jahrhundert an, zur
Regel wird. Diese Angaben bilden allerdings nur die Grundlage des Textes, der sich erweitert und mit Vergleichen und Bildern bereichert wird,
so dass man die Grabinschriften als eine eigene Gattung der hebräischen
Poesie betrachten darf. Für die Wochentage hat das Hebräische keine eigenen Namen. Sie werden mit Ordnungszahlen benannt. Der Sonntag ist
der erste Tag, „Jom Rishon", der Samstag der siebente Tag, der „Schab-

---

[123] P. Ehl, Alte Judenfriedhöfe Böhmens und Mährens. S. 11.
[124] L. Basnizki, Der jüdische Kalender. Entstehung und Aufbau. Frankfurt a.M. 1986.
(Reprint v. 1938). S. 28.

bat" genannt wird. Ein vollständig angeführtes Datum lautet zum Beispiel: den vierten Tag der Woche (Mittwoch), den 2. Nissan des Jahres 577 - nach der kleinen Zählung. Kleine Zählung meint, dass der Einfachheit halber das Jahrtausend nicht mit genannt wird. Als Zeichen dafür, dass die 5000 fehlt, wird die Abkürzung ק פ ל („li-frat-katan"), d.h. „gemäß der kleinen Zählung", hinzugefügt.[125] Auf Grabsteinen werden die drei Buchstaben der Abkürzung gelegentlich auch zu einem Zeichen als Ligatur zusammengezogen.

Der hebräische Text der Grabsteine weist ein relativ einheitliches Grundschema auf. Die Inschrift beginnt meist mit der Abkürzung נ פ „pej nun" (= po nitman) - Hier ist bestattet - oder ט פ „pej tet" (= po tuman) - Hier ist verborgen -, zuweilen auch mit einer der noch aus dem Mittelalter erhaltenen Formeln „Dies ist ein Mal zu Häupten" oder dem Bibelzitat „Zeuge sei dieser Steinhaufen, ein Zeuge sei dieses Steinmal" (Gen 31,52). Bei Ehepaaren, die, was nicht die Regel ist, einen gemeinsamen Grabstein besitzen, findet sich häufiger das Zitat „Geliebt und gut in ihrem Leben, sind sie im Tode nicht getrennt" (2. Sam 1,23), das sich ursprünglich auf Saul und Jonathan bezieht. Hin und wieder wird bei Trägern biblischer Namen ein passender Vers aus der Schrift über den Text gestellt.

Nach der Einleitung folgt die Eulogie, ein Lob- und Segensspruch, in den allermeisten Fällen ohne konkrete Daten aus dem Leben der Einzelnen. Das Lob bezieht sich auf den sozialen und religiösen Bereich. Äußere Erfolge treten dann in Erscheinung, wenn sie Auswirkungen auf die Toragelehrsamkeit, Wohltätigkeit und Gastfreundschaft haben.

Wurde der Name nicht gleich in der Überschrift oder an erster Stelle genannt, so folgt jetzt der persönliche Name des Verstorbenen, der durch den Namen des Vaters, bei verheirateten Frauen auch durch den Namen des Ehemannes näher bestimmt wird, möglicherweise ergänzt durch den bürgerlichen Namen in hebräischer Schreibweise. Die Zufügung des Vaternamens erfolgte, um wegen fehlender Familiennamen eine Verwech-

---

[125]) Da das Jahr 5000 dem Jahr 1240 nach dem gregorianischen Kalender entspricht, addiert man 1240 zu 577 und erhält so 1817. Dabei ist der Monat zu beachten, da das jüdische Jahr am 1. Tischri (September/Oktober) beginnt und es so zu Differenzen kommen kann.

selung auszuschließen.[126] Zwar definiert sich das Judentum über die Mutter - jüdisch ist, wer eine jüdische Mutter hat -, doch wird der Name der Mutter des Verstorbenen nicht erwähnt. Obwohl der Vorname, der so genannte „Schem Kodesch", der geheiligte hebräische Name, biblischen Ursprungs sein sollte, gelang es einigen Namen griechischen Ursprungs und später einer größeren Zahl jüdisch-deutscher Namen in den Kanon der erlaubten Namen aufgenommen zu werden. Auch bei den Frauennamen kamen, wegen der geringen Anzahl weiblicher Namen biblischen Ursprungs, fremde Namen hinzu. Zu diesen Hauptnamen gesellten sich die Ruf- und Kosenamen. Sie verwendete man, um die geheiligten Namen im täglichen Umgang so wenig wie möglich auszusprechen, vor allem nicht an unreinen Orten. Mit diesem „Heiligen Namen" wird der Junge von seiner Bar Mizwa an aufgerufen, um die Tora zu lesen. Später wird dieser Name auch im Ehekontrakt als Hauptname angegeben. Seit dem frühen Mittelalter gab es außerdem den „Schem Chol", den weltlichen Namen.[127] Dieser Name taucht allerdings in den hebräischen Inschriften nur selten auf, findet sich aber später in den deutschen Inschriften.

Bei der Männernamen wird zudem die Zugehörigkeit zum Geschlecht der Kohanim oder der Leviten vermerkt. Sehr bedeutende Persönlichkeiten aus diesen Gruppen werden als Kohen Zedek - Fürst der Gerechtigkeit - oder als Segan Lewijm - Fürst der Leviten - bezeichnet. In den Inschriften auf den ältesten Grabmälern kommt ein bereits stabilisierter Familienname nur selten vor. Erst seit dem 16. Jahrhundert werden zur näheren Bestimmung des Namens auch Bezeichnungen des Herkunftsortes oder -landes verwendet. Während sich die männlichen biblischen Vornamen auf den Grabsteinen über Jahrhunderte hinweg in gleicher Gestalt wiederholten, unterlagen die weiblichen Namen verschiedenen Änderungen. Es tauchen volkstümliche Voramen auf, die gute Eigenschaften, ein liebliches Aussehen bezeichnen oder einfach von Blumen- und Vogelbezeichnungen abgeleitet sind.

---

[126]) Der Vatername wurde in Anlehnung an den Segen Jakobs genommen: Ich bete zu dem Gott, der in aller Not zur Stelle war und mich gerettet hat. Er segne diese Kinder, damit mein Name und der meiner Väter Abraham und Isaak in ihnen und ihren Nachkommen fortlebe. Er lasse ihre Nachkommen zahlreich werden, damit sie das Land füllen. (1. Mose 48,16)

[127]) Naftali Bar-Giora Bamberger, Der jüdische Friedhof in Celle. Memor-Buch. Heidelberg 1992. S. 7.

Auf vielen alten Friedhöfen Polens und in Böhmen und Mähren finden sich zahlreiche Grabsteine mit einer ausgeprägten Rangliste von Ehren- und Funktionstiteln. Meist wird der Name des Verstorbenen und seines Vaters von irgendeinem Ehrentitel begleitet, am häufigsten von der Bezeichnung *Rabbi* - Lehrer, Meister -, die allerdings später ihre ursprüngliche Bedeutung verloren hat und zur gängigen höflichen Anrede wurde. Auch auf vielen Grabsteinen in Deutschland findet sich diese Anredeform. Zur Wiedergabe des ursprünglichen Sinns wurde sie dann in ihrer Verstärkung verwendet, als Abkürzung ausgedrückt (MHRR) - More nu ha-Rab Rabbi (unser Herr, unser Lehrer, Rabbi). Dieser Titel gebührte nur Personen, die das Amt des Rabbiners oder Dajanen, des Richters, bekleideten. Oberrabbiner wurden mit dem Titel *Aw Bet-Din*, Vater des Rabbinatsgerichts, bezeichnet. Manchmal findet sich bei den Namen von besonders gelehrten Rabbinern noch der Ehrentitel *Gaon* hinzugefügt, der ursprünglich die Rektoren der altertümlichen Talmudakademien bezeichnete. Die Titel *Aluf* und *Kacin* (Fürst) wurden bedeutenden Gemeindevorstehern zugeteilt, die aber nicht unbedingt durch Gelehrsamkeit hervorragen mussten. Zur Bezeichnung öffentlicher Funktionen im Gemeindevorstand wurden die Titel *Gabbai* oder *Rosch* verwendet, insbesondere auch der Ehrentitel *Parnas*, der einen für das Wohl der Gemeinde sorgenden Mann bezeichnet. Die niedrigste Stellung wird mit dem Rang des *Schammasch* bezeichnet, des Schul- oder Synagogendieners, dem jedoch in der Vergangenheit verschiedene wichtige Funktionen oblagen. Der Titel *Kadosch*, Heiliger, wurde ursprünglich nur als Ehrentitel der Märtyrer angeführt, später aber für jeden verwendet, der eines unnatürlichen Todes gestorben war. Bei Frauen wurde lediglich ein einziger Titel genannt: *Marat* - Frau. Selten findet sich *Rabbanit*, Rabbinerin, für die Ehefrauen oder Töchter der Rabbiner.[128]

Es folgen nun das Todes- und das Begräbnisdatum. Die Inschrift endet mit dem Segensspruch: „Ihre/seine Seele sei eingebunden in den Bund des Lebens" (1. Sam 25,29: „Und wenn sich ein Mensch erheben wird, dich zu verfolgen und dir nach dem Leben zu trachten, so soll das Leben meines Herrn eingebunden sein im Bündlein der Lebendigen bei dem Herrn, deinem Gott, aber das Leben deiner Feinde soll er fortschleudern mit der Schleuder."), wiedergegeben durch die Anfangsbuchstaben צ ב ה ‏נ ‏ת der fünf hebräischen Wörter (T N Z B H = tehi nafscho zeruah bizior hachaijm). Das Grundschema kann vielfältig variiert oder ergänzt

---

128) P. Ehl, Alte Judenfriedhöfe Böhmens und Mährens. S. 12.

werden. Vor allem kann es verschieden mit Text gefüllt werden: beschränkt auf die gängigen Formeln oder neu zusammengesetzt aus biblischen Zitaten und nachbiblischen Anspielungen aus der Tradition. Bevor dieser Segensspruch zu einer Dauerformel wurde, verwendete man verschiedene Wünsche. Die ältesten Eulogien hatten das Wort „Schalom" in ihrem Mittelpunkt, das heißt den Wunsch, dass der Tote in Frieden ruhe möge.[129]

Die Grabinschriften aus dem Mittelalter und der Renaissance enthalten in der Regel folgende Angaben: Den Namen des Verstorbenen und gewöhnlich auch den seines Vaters, eventuell auch seine Zugehörigkeit zum Priestergeschlecht der Kohanim oder zum Levitenstamme. Das gilt nicht für Frauen, bei denen die Zugehörigkeit zu einem Stamm oder Geschlecht nicht verzeichnet wurde. Ferner findet man bei den Männern den Titel des Verstorbenen und gegebenenfalls auch seines Vaters, z.B. Rabbi, der Gelehrte, der Vornehme usw.

Im weiteren Text finden sich lobende Epitheta und bei hervorragenden Persönlichkeiten Aufzählungen der Ämter, die sie bekleideten und ihre Verdienste um die Gemeinde. Bei Gelehrten und bekannten Rabbinern werden ihre Schriften angeführt. Den Abschluss des Epitaphs bilden im allgemeinen Segnungen und Wünsche, die sich auf das Leben nach dem Tod beziehen.

Der Glaube an die Vergänglichkeit des Menschenlebens wird ausgedrückt in Sprüchen wie „Er begab sich in seine Welt", „ward zu seinem Volk versammelt" oder „seine Seele kehrte in ihre Heimstatt zurück", „er stieg auf gen Himmel", „er stieg hinauf, um sich für sein Volk zu verwenden" oder „er ward unter die Gelehrten in den Himmel heimgeholt". Den überwiegenden Teil aller Inschriften bildet aber das Lob von guten Eigenschaften und Taten des Verstorbenen. Bei Männern sind vor allen Dingen Aufrichtigkeit, Gerechtigkeit, Weisheit und Redegewandtheit geschätzt, ferner Barmherzigkeit, Freigiebigkeit, Wohltätigkeit und frommes Leben („Er wandelte auf geraden und gerechten Wegen"), seine Gelehrtheit („Jederzeit und ohne Zögern hat er sich der Lehre zugewandt") sowie der Förderung der Studien („Sein Haus stand allen offen, die sich mit der Lehre befassten"). In vielen Redewendungen spiegelt sich auch das Verhältnis des Verstorbenen zu seinen Nächsten

---

[129] E. Roth, Zur Halachah des jüdischen Friedhofs, Teil 2. S. 104.

wider („Er war ein Mann des Friedens"). Das Äußere wird nur ganz selten erwähnt.

Ähnlich wie bei den Namen herrscht auch bei den Lobsprüchen über die Frauen eine größere Vielfalt. Am häufigsten findet man auch hier Epitheta, die Standhaftigkeit, Tugend, Aufrichtigkeit, Ehrlichkeit, Gerechtigkeit, scharfen Verstand und ein weises Herz hervorheben, aber auch Schönheit und Güte. Die Frau wird als „züchtig", „würdig", „rechtschaffen", „rein", „zuverlässig" und „hold" bezeichnet. Öfter als bei den Männern preist man ihr Äußeres: „Die Liebliche" oder „Die Schöne". Seltener wertet man die geistigen Fähigkeiten. Im Verhältnis zu den Mitmenschen wird in erster Linie Ehrlichkeit und Redlichkeit gepriesen. Im religiösen Bereich sprechen die Inschriften der Frauen wie der Männer von Frömmigkeit, Gottesfurcht, Innigkeit der Gebete und dem häufigen Besuch der Synagoge.

Charakteristisch für die Grabinschriften sind die bereits genannten Segenssprüche für das Fortleben der Seele nach dem Tode. Am häufigsten begegnet die Formel: „Seine/Ihre Seele sei eingebunden in den Bund des Lebens". Diese Abkürzung findet sich vielfach auch dann auf den Grabsteinen, wenn der Text nicht auf hebräisch geschrieben ist. Nur selten werden sie voll ausgeschrieben. Gelegentlich finden sich auch andere Formulierungen: „Mit allen Seelen der Reinen sei seine Seele eingebunden im Bunde des Lebens bei dem Herrn, dem Gott des Himmels", „Seiner Seele sei gedacht in der kommenden Welt" oder „Seine Seele erwerbe sich das Leben in Ewigkeit".[130] Aus all diesen Segenssprüchen spricht der feste Glaube an die Fortdauer des Lebens nach dem Tode. Ältere Inschriften auf den Gräbern von Märtyrern hingegen rufen oft nach Rache. „Der Herr räche sein Blut!" oder „Der Herr der Vergeltung räche es an ihnen!"

Ausdrücke wie „Tod" oder „Sterben" werden häufig umschrieben. Es heißt dann „er ging fort" oder „er begab sich fort". Es finden sich auch Formulierungen wie „er ward hingenommen" oder „... und er ward eingesammelt zu seinem Volk". Häufig wird der Tod aufgefasst, als sei die Seele irgendwohin fort gegangen: „Seine Seele ging von dannen in Heiligkeit und Reinheit". Poetischer ausgedrückt: „Ihre Seelen stiegen empor

---

[130]) Milada Vilimkowa u.a., Die Prager Judenstadt. Zum Andenken an Dr. Otto Muneles, dessen Nachlaß die Grundlage dieses Buches ist. Hanau 1990. S. 159.

in die Wohnsitze der Höhen" - „Seine Seele kehrte zurück zum Herrn".[131]

Das Lesen von hebräischen Grabinschriften ist recht schwierig. Der Grund liegt nicht allein in der häufig geminderten Lesbarkeit der Inschrift, sondern auch in den vielfach auftauchenden Abkürzungen und volkstümlichen Formen und Wendungen, die sich nicht immer an die Regeln der Grammatik halten, die aber andererseits auch einen gewissen sprachlichen Reiz nicht entbehren. Die Inschriften auf den ältesten Grabsteinen aus dem Mittelalter zeichnen sich durch ihre Bündigkeit aus, die sich nur auf die wichtigsten Angaben beschränken. Ganz besonders interessant sind zweifellos die Epitaphe aus dem 15. und 16. Jahrhundert, die sich durch eine beträchtliche Individualität und inhaltliche Vielfalt auszeichnen. Die späteren umfangreichen Eulogien haben zwar die barocke Eigentümlichkeit der früheren Inschriften wieder verloren, zeichnen sich aber durch einen unbestrittenen Drang zu einem spezifischen dichterischen Ausdruck aus. Aus stilistischer Sicht verraten hebräische Epitaphe das Bestreben, den Text mit möglichst vielen Reminiszenzen und Zitaten aus der biblischen Literatur zu durchflechten, die dann in einem neuen Zusammenhang oft eine ganz andere Bedeutung gewinnen. Diese Tendenz gehört zu den Eigenarten des so genannten musiven Stils, dessen Hochblüte erst in die Barockzeit fällt. Die interessantesten Inschriften bedienen sich einer rhythmisierten Prosa, die diese Texte auch formal in die Nähe dichterischer Werke stellt.[132]

7.3 Inschriften im deutschen Sprachbereich

Die im deutschen Sprachbereich erhaltenen jüdischen Grabsteine tragen vom frühen Mittelalter an hebräische Inschriften. Schon auf den ältesten bekannten Steinen finden sich Formeln und Lobsprüche, die bis in die Gegenwart hinein verwendet werden. Neben dieser hebräischen Eulogie, dem Lob der Verstorbenen, treten im Laufe des 19. Jahrhunderts auch deutschsprachige Angaben hinzu: Name und Lebensdaten nach der christlichen Zeitrechnung. Diese Daten wandern allmählich von der Rückseite des Steines, wo sie zunächst zu finden sind, nach vorne unten und drängen, oft durch Sinnsprüche und Verse erweitert, das Hebräische immer mehr zurück, bis es völlig verschwindet oder nur in Formeln überlebt.

---

[131]) M. Vilimkowa, Die Prager Judenstadt. Hanau 1990. S. 160.
[132]) P. Ehl, Alte Judenfriedhöfe Böhmens und Mährens. S. 12.

Das Hebräische verschwand, weil es kaum noch jemand richtig zu lesen und zu schätzen vermochte. Es rettete sich in standardisierte Abkürzungen für das oben stehende „Hier ist begraben" und die abschließende Segensformel. Selbst diese Reste fehlen oft noch auf manchen Grabsteinen, denen dann nichts jüdisches mehr anzumerken ist, außer ihrer Stellung auf einem jüdischen Friedhof.[133]

Für einen sehr begrenzten Zeitraum, etwa kurz vor der Mitte des 19. Jahrhunderts, werden beide Seiten der Steine gleichrangig benutzt. Die alten ehrwürdigen Wendungen und Lobpreisungen werden auch in deutscher Sprache zum Ausdruck gebracht. Auf den ersten Blick scheinen die Inschriften identisch zu sein. Doch der deutsche Text wiederholt nicht einfach den hebräischen, sondern er drückt ihn auch anders aus. Die hebräischen Sätze sind häufig aus Bibelzitaten zusammengestellt. In den deutschen Texten werden die biblischen Redewendungen dem Zeitgeschmack angeglichen. Die „tüchtige Frau" aus Sprüche 31,10 wird im 19. Jahrhundert gern als die „biedere Frau" beschrieben. Doch wie sollte die „Gazelle der Anmut" aus dem Hohen Lied übersetzt werden, ohne damit Anstoß zu erregen? So finden sich in den deutschen Texten aus bürgerlicher Rücksichtnahme eine ganze Reihe von Umschreibungen. Die hebräischen Inschriften waren weniger von der werktäglichen Beschäftigung geprägt, als von dem, womit sich Geist und Seele über Jahrhunderte befasst haben.[134]

Diese Zweisprachigkeit erforderte eine gewisse geistige und sprachliche Mühe. Hinzu kam der materielle Aufwand. Dies war sicherlich nicht für jeden Verstorbenen von den Hinterbliebenen zu leisten gewesen.

Der Übergang vom Hebräischen zum Deutschen ging nicht in allen Gebieten und Gemeinden zeitgleich vor sich. Es gab zeitliche Verschiebungen von Region zu Region, von Ort zu Ort und von Familie zu Familie. Zugleich unternahm man den Versuch, die traditionell-jüdischen Inhalte der Inschrift ins Deutsche zu übertragen. Dieser Versuch wurde bald aufgegeben. An die Stelle der ursprünglichen Formulierungen traten nun die in der christlichen Umwelt üblichen Attribute: Verwandtschaftsbeziehungen, Gefühle der Hinterbliebenen, berufliche Stellung.

---

[133] Zum Problem der Zweisprachigkeit äußert sich auch E. Roth in seinem schon mehrfach zitierten Aufsatz (hier Teil 2, S. 108-110). Seinen Ausführungen zufolge bestanden auf orthodoxer Seite heftige Bedenken gegen eine Datierung nach dem weltlichen Datum, da dieses an die Geburt des christlichen Messias geknüpft ist.

[134] M. Brocke, Grenzsteine jüdischen Lebens. S. 48-52.

Außerdem wurden Tod, Trauer, Trost, Lob und Klage immer privater und damit nicht mehr Gegenstand öffentlicher Inschriften. Eine Ausnahme machten dabei nur einige orthodoxe, „gesetzestreue" Gemeinden, die an den traditionellen Inschriften festhielten und nur knappe Angaben in deutscher Sprache zuließen.

Diese Reduzierung der Inschrift auf die reinen persönlichen Daten wäre den Juden des Mittelalters und der frühen Neuzeit völlig unverständlich gewesen. Für sie bestand der Sinn eines Grabsteins darin, Identität durch die Erinnerung an den Bestatteten in seiner Abfolge der Geschlechter zu erhalten. Der völlige Verzicht auf mehr als die Nennung nur eines Namens war unvorstellbar. Das Judentum sei, so hat man gesagt, die „Religion des guten Gedächtnisses", und es ist daher verständlich, wenn es Wert darauf legt, seine Grabstätten so lange als möglich zu erhalten und wirklich jedem und jeder Toten ein Denkmal aus Stein setzen zu lassen - auch Ausdruck der Kostbarkeit des einzelnen Lebens und der Lebenskraft einer kleinen und bedrängten Minderheit.[135]

Trotz vieler regionaler Unterschiede und zeitlicher Besonderheiten wurde vom Mittelalter bis in die Neuzeit hinein erstaunlich kontinuierlich formuliert, so dass sich gewisse Grundmuster gleichen. Es gibt feststehende Formeln und einen Ausdrucks- und Zitatenschatz, die sich als festes Gerüst bewährt haben. Ergänzt und erweitertet werden diese durch die Freiheit des Formulierens, des Veränderns und des Kombinierens.

7.4 Der Aufbau einer Inschrift

Nach dem Hinweis auf den Ort, das Grab, den Stein folgt die Angabe, ob es sich bei dem Begrabenen um eine Frau oder einen Mann handelt. Es folgt dann die Eulogie, die Lobrede, die unterschiedlich lang und ausführlich sein mag. Sie kann sich auf zwei Worte beschränken, kann aber ebenso zehn Zeilen lang sein. Wenn auch die Lobreden für herausragende Frauen nicht ganz so lang ausfallen wie für solche Männer, so kommen die Frauen insgesamt nicht zu kurz. Nach der Eulogie folgt die namentliche Nennung des Verstorbenen. Frauen werden über die Väter, und wenn verheiratet, über ihre Gatten bestimmt, bei den Männern wird nur der Name des Vaters angegeben. Da fast allen Toten, und nicht nur den angesehensten in der Gemeinde, Grabsteine gesetzt wurden, lässt

---

[135]) M. Brocke, Grenzsteine jüdischen Lebens. S. 34.

sich aus den Inschriften der Steine eines Friedhofs häufig die Zusammengehörigkeit wieder rekonstruieren. Doppelgräber für Mann und Frau bzw. Familiengruften werden erst seit dem 18. Jahrhundert häufiger. Die Beifügung der Väter- resp. Gattennamen war wichtig in einer Zeit, als die Juden noch keine Familiennamen trugen. Diese wurden zum Beispiel. in Preußen erst nach 1808 gesetzlich vorgeschrieben. Mit dem Aufkommen von deutschen Inschriften fällt die Definition über den Namen des Vaters fort. Es wird neben dem Vornamen der Familienname genannt.

Die noch bekannte christlich-bürgerliche Sitte zu schreiben: Frau August Meier, geb. Gans findet sich selbst bei sehr stark assimilierten Juden nur selten, zumindest wird der Vorname beim ursprünglichen Familienname mit genannt: Frau Salomon Windmüller, Egline geb. Oster.[136]

Zweisprachige Inschriften auf den Steinen geben gerade bei Frauen oftmals einen kleinen Einblick in die Privatsphäre. In der hebräischen Inschrift findet sich im Text die häuslich-familiäre Ruf- oder Koseform des Namens, während in den deutschen Inschriften sich stets der korrekte offizielle Namen findet.[137]

Nach der Nennung des Namens wird das Todesdatum eingefügt. Das Datum des Todes ist in der hebräischen Inschrift selbstverständlich nach dem jüdischen Kalender geschrieben. Eine Nennung des Geburtsdatums war früher nicht üblich; es wurde aber das Lebensalter des Verstorbenen genannt. Mit der allmählichen Verbreitung einer deutschen Inschrift auf den Steinen wird wie selbstverständlich das bürgerliche Datum verwendet, wobei auch das Geburtsdatum genannt wird.

Das Schema der Inschrift schließt auf jeden Fall mit einer Segensformel ab, die kurz oder lang ausfallen kann. Von vielen im Mittelalter üblichen Varianten, ist nur eine, die schon erwähnte, übrig geblieben: „Seine/Ihre Seele sei eingebunden in den Bund des Lebens".

Über die Jahrhunderte hinweg sind die Inschriften keineswegs immer gleich geblieben. Sie haben sich in ihrem Stil den Zeitläufen angepasst, waren knapper und nüchterner im Mittelalter als im wort- und ruhmes-

---

[136]) M. Brocke, Grenzsteine jüdischen Lebens. S. 35. - Das letzte Namensbeispiel stammt vom jüdischen Friedhof in Borken, Westfalen. Dort finden sich zwei derartige Inschriften. Die hier genannte stammt aus dem Jahr 1907, die zweite ist von 1938. Weitere Beispiele finden sich in den im Kap. 9.1 abgedruckten Texten, z.B. im 3. Text.

[137]) M. Brocke, Grenzsteine jüdischen Lebens. S. 36.

reichen Barock und nahmen mit Beginn des 19. Jahrhunderts an Länge und Formulierungskunst wieder ab. Bei aller Formelhaftigkeit dringt aber immer wieder die ganz persönliche Trauer, die Liebe und das Lob auf den Verstorbenen durch die Texte hindurch.

Die Friedhöfe in Deutschland verfügen nicht über die Fülle und Vielfalt kunstvoller Inschriften wie die alten Zentren jüdischer Gelehrsamkeit und Frömmigkeit in Osteuropa. Doch findet sich auch hier viel Interessantes und Beachtenswertes; Geschichten könnten sie alle erzählen.

Die Inschriftenformel:[138]

Dies ist der Gedenkstein von...
Dieses Mal zu Häupten...
Hier ist begraben (verborgen)...

eine angesehene,..., Frau...
ein gottesfürchtiger,..., Mann...

(es folgt die Lobrede)
Es ist Herr/Frau...
Name..., Tochter des Herrn..., Gattin des Herrn... oder Gattin des...,
Tochter des.../der...
Name..., Sohn des Herrn...

Er/Sie ging hin in seine/ihre Welt (Ewigkeit) am...
Er/Sie starb am...
Gestorben und begraben am...

7.5 Die Symbole

Auf den Grabsteinen jüdischer Friedhöfe findet sich eine Vielzahl von Symbolen. Neben den allgemeinen Schmuckmotiven der Renaissance erscheinen auf den Grabsteinen nach und nach symbolhafte Zeichen in Reliefform. Sie haben ihre Wurzeln in der jüdischen Tradition. Insbesondere zeichnen sich die Begräbnisplätze des osteuropäischen Judentums durch ihre reiche Bilderwelt aus. Als Beispiele sollen hier nur die Friedhöfe Böhmens, Mährens und Polens genannt sein. Im deutschsprachigen Raum sind die Darstellungen weniger variantenreich. Doch gibt es eine Reihe von Zeichen und Symbole, die im gesamten Judentum

---

[138]) Nach M. Brocke, Grenzsteine jüdischen Lebens. S. 34/35 und M. Brocke, Stein und Name, S. 42/43.

verbreitet sind. Die jüdische Religion verbietet die Abbildung menschlicher Gestalten, sie sind daher auf Grabsteinen nur sehr selten zu sehen. Als Ornamente finden sich häufig Pflanzenmotive, Tiere, mit dem Kult oder dem Beruf des Verstorbenen verbundene Gegenstände und auch allgemeine Symbole des Todes wie sinkende Schiffe, verlöschende Fackeln, abgeknickte Blumen, abgebrochene Bäume oder Säulen. Viele dieser letztgenannten Zeichen finden sich auch auf christlichen Friedhöfen, wurden von dort im Rahmen der Emanzipation und der Assimilierung übernommen. Sie entstammen oft der antiken Vorstellungswelt und wurden durch den Klassizismus allgemein beliebt.[139] Da die Frauen keine allgemeinen Aufgaben im religiös-rituellen Bereich wahrnehmen durften und auch keine Berufe ausübten, finden sich auf ihren Steinen keine funktional bezogenen Symbole, mit Ausnahme des Leuchters als Hinweis auf die Schabbatlichter, die von der Frau entzündet werden. Diese Darstellung ist jedoch weitgehend auf Osteuropa begrenzt.

Die rein jüdischen Symbole und Ornamente nehmen Bezug auf Herkunft und Funktion der Verstorbenen. Zeichen, die sich eher auf Vergänglichkeit, Leid, Tod oder auch das Leben beziehen, finden auf Grabsteinen weniger Verwendung. Die Welt dieser Symbole und Ornamente ist von der der klassizistischen ganz verschieden. Alles bleibt auf das Leben der Verstorbenen bezogen, mehr oder weniger individuell. Es finden sich die Weintraube als Symbol der Weisheit und Fruchtbarkeit, die Krone des guten Namens, der sechszackige Davidstern, eine Almosenbüchse als Symbol der Wohltätigkeit, ein heraldisches Löwenpaar und andere, die allgemeine Symbole des Judentums darstellen bzw. Auskunft geben über Herkunft, Beruf oder Namen des Verstorbenen. Segnende Hände schmücken die Grabmäler von Angehörigen des Priestergeschlechts, der Kohanim, eine Wasserkanne oder Musikinstrumente die Stelen ihrer Gehilfen, der Leviten. Der Vor- oder Familienname des Verstorbenen wird meist durch das Reliefzeichen eines Tieres dargestellt: ein Löwe bedeutet den hebräischen Namen Jehuda oder Ari, in volkstümlicher Form Leb, ein Hirsch entspricht dem Namen Zwi, ein Bär dem Namen Dov oder Beer, ein Wolf dem Namen Zeev, eine Maus Maysel usw. Der Beruf des Verstorbenen wird meist durch ein für die Profession typisches Werkzeug dargestellt. So findet man auf Grabsteinen von Schneidern Scheren, von Ärzten Lanzetten, von Apothekern Mörser, von Musikern Geigen, auf dem Grab eines Gelehrten, Gebetsvorlesers

[139]) Monika Krajewska, Zeit der Steine. Einführung: Anna Kamienska. Warschau 1982. (ohne Seitenzählung).

oder Buchbinders ein Buch, bei einem Schreiber einen Gänsekiel, die Beschneidungsgeräte auf dem Grab eines Mohel (Beschneiders), eine Torarolle oder ein Bücherpult auf den Grabsteinen von Rabbinern und Schriftgelehrten. Die im christlich-bürgerlichen Bereich einsetzende Rückbesinnung auf das Erbe der Antike brachte bei der Symbolik einen einschneidenden Wandel. Viele dieser Symbole sind universeller Art, das Leben, den Tod allgemein darstellend: Ehrenkränze, Sanduhren, Genien, nach unten zum Verlöschen gerichtete Fackeln, Efeuranken, Urnen, Schmetterlinge, gebrochene Säulen.[140]

Auf den in Deutschland üblichen Grabsteinen findet sich oft nur der Davidstern. Andere Symbole sieht man deutlich weniger und wenn, dann ist das Zeichen meist ohne jedweden Schmuck in den Giebel oder das obere Halbrund des Steines eingemeißelt. Ganz anders ist es bei den Steinen im Osten. Hier finden sich oftmals mehrere Symbole zu einem Bild zusammengefügt. Diese Bilder werden von floralen Elementen oder Inschriften umrahmt. Gerade im Osten finden sich neben den traditionellen jüdischen Symbolen immer wieder auch sehr reale bildhafte Darstellungen, so zum Beispiel Schafe auf dem Weg zu einem Brunnen. Die Vielzahl von Reliefzeichen und -symbole, der man auf den städtischen Friedhöfen begegnet, findet man auf den ländlichen Friedhöfen seltener. Auch hier kommen aber die allgemein bekannten jüdischen Symbole wie Löwen, Kronen, Weintrauben, Spardosen, Davidsterne, Wasserkannen oder segnende Priesterhände in verschiedenster Gestalt vor. Weit häufiger treten auf den Grabsteinen ländlicher Friedhöfe Schmuckmotive auf, die der Tradition einer bodenständigen Volkskunst entnommen sind, wie Pflanzenornamente, Blumenvasen, Obstgirlanden, vierblättriger Klee, Herzen und Spiralen, die hingegen auf städtischen Friedhöfen gar nicht erscheinen.

Auf dem alten Friedhof in Frankfurt an der Battonnstraße tragen die Grabsteine zum Teil ungewöhnliche Zeichen. Diese Abbildungen haben nichts mit dem Judentum zu tun. Es handelt sich meist nur um Zeichen, die vom städtischen Rechnei-Amt verliehen und über dem Hauseingang auf dem Kragstein angebracht werden mussten. Hatte ein Haus einen „Drachen" und hieß sein Bewohner danach Nathan Drach, so wiederholte man das Zeichen auch auf dem Grabstein. Auf den Steinen finden sich Darstellungen von Tieren wie Adler, Hahn, Bär, Drachen usw. oder

---

[140]) M. Brocke, Grenzsteine jüdischen Lebens. S. 78. – Siehe auch M. Brocke, Stein und Name, S. 46ff.

Pflanzen (Baum, Blumen, Trauben usw.), aber auch Geräte (Kanne, Nagel, Hufeisen usw.) sowie Schilder (Rothschild und Schwarzschild).[141]

Obwohl bildliche Darstellung von Menschen im Jüdischen verboten sind, finden sich derartige Abbildungen gelegentlich auch auf Grabsteinen. So findet sich z.B. auf dem Prager Friedhof eine ganze Reihe von Figuralmotiven. Am häufigsten finden sich Frauengestalten auf den Grabsteinen junger, lediger Mädchen. Auf dem Stein einer Frau namens Chava (hebr. für Eva) findet sich eine Darstellung von Adam und Eva.[142]

Das Zeichen der Priestergräber sind die *segnenden Hände* mit den gespreizten Fingern, bei denen Daumen und Zeigefinger sich berühren. Genau genommen handelt es sich bei den Bestatteten nicht um Priester, sondern um Nachkommen der Priesterschaft aus der Zeit des Tempels (die Zugehörigkeit ist erkennbar an Namen wie Kohn, Kahn, Katz etc.). Mit erhobenen Händen segnen die Kohanim die Gemeinde mit dem „aronitischen Segen"[143], einstmals täglich im Tempel, heute beschränkt auf Festtage und feierliche Anlässe. Doch seit der Zerstörung des Tempels und dem Beginn der Diaspora üben sie keine weiteren kultischen Handlungen mehr aus.

Die Gräber der Leviten, der Priestergehilfen, werden durch einen Krug bzw. eine Kanne, die *Levitenkanne*, symbolisiert. Die Leviten musste im Tempel unter anderem Reinigungsaufgaben wahrnehmen. Ihre Nachkommen tragen oft Familiennamen wie Levi, Lewin, Löwe, Löwenthal usw. Die Kanne, auch in Verbindung mit einer Wasserschale, wird in verschiedenen Varianten dargestellt.

Der *Davidstern* (hebr. Magen David), ein altes Symbol, das aus verschiedenen Kulturen bekannt ist, diente seit alters her als magisches Zeichen. Im Mittelalter nahm die Prager Gemeinde mit kaiserlicher Genehmigung den Stern als Zeichen in ihr Wappen auf. Zu einem späteren Zeitpunkt erfolgte die Übernahme des Davidsterns auch auf die Grabsteine. Die ältesten noch erhaltenen Grabsteine mit dem Davidstern stehen auf dem

---

[141]) K. Meier-Ude, Die jüdischen Friedhöfe in Frankfurt. S. 22.

[142]) P. Ehl, Alte Judenfriedhöfe Böhmens und Mährens. S. 15.

[143]) Vgl. Numeri 6, 24-27: Es segne dich der Ewige und behüte dich, es lasse der Ewige sein Antlitz dir leuchten und gebe dir Gunst, es wende der Ewige sein Antlitz dir zu und gebe dir Frieden ... und sie sollen meinen Namen auf die Kinder Israels legen, und ich werde sie segnen.

alten Prager Friedhof und stammen aus den Jahren 1529 (Menachem ben Moshe) und 1613 (David Gans). In beiden Fällen erfolgte die Verwendung des Magen David vermutlich mehr unter Bezug auf die Namen der Verstorbenen und nicht als ein allgemeines Symbol des Judentums. Auf dem Stein von Menacham ben Mosche ist der Stern noch nicht oberhalb der Inschrift angebracht, sondern in der letzten Zeile des Textes. Erst seit dem 18. Jahrhundert wird der Davidstern zu dem Symbol des Judentums und kennzeichnet fortan viele Grabsteine.[144]

Die abgeknickte *Blume* oder der *Baumstumpf* sind auch im Judentum Symbole für die Endlichkeit des Lebens; oft auch ein Zeichen dafür, dass der Verstorbene aus der Blüte seines Lebens gerissen wurde. Diese Symbole finden sich auch auf christlichen Friedhöfen, von denen sie wohl übernommen wurden.

Die Rabbiner oder Lehrer werden mit einem *Buch* als die Schriftgelehrten gekennzeichnet. Hin und wieder findet sich dieses Symbol auch bei Kantoren.

Den Schreiber der Tora kennzeichnet eine *Hand*, die den *Gänsekiel* hält, aber auch *Bücher*.

Die *Krone* ist das Zeichen der Tora. Die Torarolle in der Synagoge ist entweder mit zwei kleinen oder einer großen Krone geschmückt. Die Krone kann aber auch das Oberhaupt einer Familie bezeichnen.[145] Häufig wurde sicherlich an einen Vers aus den Sprüchen der Väter gedacht: „Drei Kronen können den Menschen zieren: die Krone der Tora, des Priestertums, des Königtums, aber die des guten Namens überragt alle drei" (4,17).

Ein *Messer* auf dem Stein zeigt an, dass der Verstorbene das ehrenvolle Amt des Mohel, des Beschneiders innehatte. Manchmal ist auch eine Hand zu sehen, die das Messer hält.

Die *Rose* ist kein rein jüdisches Zeichen. Sie findet sich sehr viel auch auf christlichen Grabsteinen. Häufig markiert sie das Grab eines früh verstorbenen Mädchens. Die Rose spielt in ihrer symbolischen Bedeutung eine besondere Rolle. Sie ist auch eines der häufigsten Motive auf vielen

---

[144]) Zur Geschichte des Davidsterns siehe: Der Davidstern. Zeichen der Schmach - Symbol der Hoffnung. Hrsg. von Wolf Stegemann und S. Johanna Eichmann. Dorsten 1991. Hier S. 92. - M. Vilimkowa, Die Prager Judenstadt. S. 170.
[145]) M. Krajewska, Zeit der Steine. (ohne Seitenzählung).

Gegenständen jüdischer Ritualkunst wie Chanukka- und Schabbat-leuchter.

Das Grab einer Frau schmückte man oft mit einem *Leuchter*, denn es gehört zu den Aufgaben der Frau, die Schabbatlichter zu entzünden. Auf vielen osteuropäischen Friedhöfen hatten die Frauen wie in den Synagogen eigene Bereiche. Bei einem Mann dachte man sicherlich an den Vers: „Eine Leuchte Gottes ist die Seele des Menschen" (Sprüche 20,27).

Der *Schmetterling* gilt als Zeichen der Vergänglichkeit, des flüchtigen Lebens, symbolisiert aber auch die Unvergänglichkeit, die Verwandlung zu einem neuen Leben. Von seinem Ursprung her ein antik-hellenistisches Symbol, wurde es im späten 18. Jahrhundert wieder beliebter. Der Schmetterling als Sinnbild der Psyche symbolisiert die in verschiedenen Metamorphosen beständige „unsterbliche" Seele, die sich von der Hülle des Körpers getrennt hat. Wenn auch nicht ausschließlich, so ist doch dieses Symbol überwiegend auf den Steinen der Frauen anzutreffen.[146]

Der Mann, dessen Grabstein mit einem *Schofarhorn* geschmückt ist, blies zu Neujahr und zum Versöhnungsfest das Schofar. Es ist eine schwierige Aufgabe, zugleich aber eine große Ehre. Vereinzelt ist mit der Darstellung des Schofars der Glaube an die Auferstehung verbunden, wenn auch das Schofarblasen durch den Propheten Elia nur die Ankunft des Messias ankündigt.[147]

Zwei schnäbelnde *Tauben* gelten als Zeichen inniger Liebe.

Das *Tier* steht häufig für die Versinnbildlichung des Vor- bzw. des Familiennamens der Verstorbenen. Der Löwe ist das Namenszeichen für Ari und Leb bzw. Loeb (Leib), der Hirsch für Zwi und Hersch, der Bär für Dow und Beer und die Taube für Jona.

Der *Weinstock* steht als Symbol der Fruchtbarkeit und der Weisheit.

Ein in der jüdischen Kunst häufig anzutreffendes Motiv, die „Tafeln des Bundes", die *Doppeltafeln*, die für die Zehn Gebote stehen, sind allerdings auf Friedhöfen selten zu finden. Sie sind ursprünglich ein Element der christlichen Kunst des Mittelalters. Im Christentum ist der Gedanke beliebt, die „Gebote" als eine Art Zusammenfassung der Tora zu sehen. Sie haben darin eine sowohl positive wie auch abwertende Symbolfunk-

---

146) M. Brocke, Grenzsteine jüdischen Lebens. S. 75.
147) E. Roth, Zur Halachah des jüdischen Friedhofs. Teil 2. S. 106.

84

tion („alter Bund" = Judentum). Man sieht hier jedoch, wie christlicher Einfluss und der Wunsch, auf die Allgemeingültigkeit dessen zu verweisen, was das Judentum der Welt gegeben hat, die „Tafeln des Bundes" wieder zu einem jüdischen Symbol werden ließen.[148]

Viel älter als die hier genannten Symbole mit Ausnahme des Schofars sind einige Motive, die in den Katakomben von Rom zum Vorschein kamen. Hier fanden sich unter anderem Menora, Rauchpfanne, Ethrog, Lulaw und Schofar. Bei diesen Motiven handelt es sich entweder um Symbole der jüdischen Religion oder um Werkzeuge ihres Ritus. Ihr Zweck auf den Grabsteinen bzw. den Sarkophagen der Katakomben war es sicherlich, die Gräber als jüdisch zu kennzeichnen.[149]

Es ließen sich weitere Symbole aufführen, die z.T. nur eine enge regionale Verbreitung gefunden haben wie die Sanduhr auf den Grabsteinen von Amsterdamer Juden. Die Friedhöfe des bürgerlichen deutschen Judentums, vor allem in den größeren Städten, zeigen von der Mitte des 19. Jahrhunderts an vielfach die gleichen Motive wie auf christlichen Friedhöfen. Die ursprünglich jüdische Grabmalskunst ist dadurch weitgehend aufgehoben worden.[150]

8 Schändungen und Verwüstungen jüdischer Friedhöfe

Synagogen und Friedhöfe wurden nicht erst seit dem 20. Jahrhundert zerstört und geschändet, sondern mindestens so lange wie man Talmud und Tora verbrannte. Bereits im Mittelalter waren die Synagogen und Judenfriedhöfe aus materiellen, machtpolitischen, theologischen und psychologischen Gründen Zielscheibe antijüdischer Aggression und christlicher Begierde. An den Ausschreitungen beteiligten sich unterschiedliche soziale Gruppen in Stadt und Land. Das Interesse der Christen an den Synagogen und Friedhöfen war in erster Linie ein materielles. „Die Tatsache, dass diese Aktionen jeder Pietät entbehrten, sei sie nun ethisch oder religiös begründet, ist schwer in Einklang zu bringen mit unserem Wissen darüber, dass die christliche Gesellschaft des Mittelalters sehr

---

[148]) M. Brocke, Grenzsteine jüdischen Lebens. S. 66.
[149]) E. Roth, Zur Halachah des jüdischen Friedhofs. Teil 2. S. 106/07.
[150]) Zu den Symbolen siehe: M. Krajewska, Zeit der Steine. (ohne Seitenzählung). - E. Roth, Zur Halachah des jüdischen Friedhofs. Teil 2. S. 105-108. - Hartmut Stratmann, Günter Birkmann, Jüdische Friedhöfe in Westfalen und Lippe. Düsseldorf 1987. S. 14/15. - ... ein Zeuge sei dieses Steinmal. Jüdische Friedhöfe in Velbert. Eine Dokumentation. von Dorothee Stürmer u.a. Velbert [1990]. S. 16/17.

sensibel auf die Verletzung ihrer eigenen Rituale und symbolträchtigen Objekte reagierte. Dass sie sich gerade diese verletzlichen Objekte aussuchte, um ihre Aggressionen an den Juden (hier kann man wohl nicht mehr von 'Judenfeindlichkeit', sondern muss von 'Judenhass' sprechen) zu entladen, müssen wir wohl nicht als zufällige, sondern bedachte, wenn auch unbewusste Wahl interpretieren. Zwar waren die Christen mit den jüdischen Riten kaum vertraut, doch besaßen sie ein feines Gespür dafür, dass sie die Juden nicht nur materiell vernichteten, wenn sie sich an den Synagogen und Friedhöfen vergriffen, sondern auch in kultureller und religiöser Hinsicht", schreibt Hedwig Röcklein.[151]

Während im Mittelalter und in der frühen Neuzeit die Zerstörung und Verwüstung der Friedhöfe zumindest vordergründig religiös motiviert war und sich meist auch „nur" gegen die örtliche Judenschaft richtete, war der seit dem 19. Jahrhundert aufkommende Vandalismus gegen jüdische Einrichtungen mehr und mehr politisch motiviert. Mit diesen Attacken sollten zudem ganz allgemein „die" Juden getroffen werden.

In den zwanziger Jahren dieses Jahrhunderts kam es in Deutschland erneut zu einer ganzen Reihe von Friedhofsschändungen. Der Central-Verein Deutscher Staatsbürger jüdischen Glaubens listete 1932 insgesamt 125 Schändungen auf, bei denen feststand, dass die Verwüstungen von den Tätern aus politischen Gründen ausgeführt wurden. Die Fälle bei denen zweifelhaft war, ob nicht spielende Kinder, Verwitterung oder Unwetter die Ursache der Zerstörung waren, blieben unberücksichtigt. Die Zahl der ermittelten Täter ist allerdings sehr gering. Das Bayerische Staatsministerium für die Justiz hatte bereits 1927 dem Central-Verein mitgeteilt: „Erfahrungsmäß ist in den meisten Fällen der Friedhofsschändungen Ermittlung der Täter besonders schwierig."[152]

Der Central-Verein geht aufgrund verschiedener Umstände davon aus, dass es sich bei den Schändungen jüdischer Grabstätten um Ausflüsse judenfeindlicher Gesinnung handelt. Denn Schändungen nichtjüdischer Einrichtungen waren im gleichen Zeitraum nur in verschwindend kleiner Zahl geschehen. Zudem verlief die Zahl der Schändungen jüdischer Grä-

---

[151]) Zitat: H. Röcklein, Vom Umgang der Christen. S. 44.
[152]) 125 Friedhofsschändungen in Deutschland 1923-1932. Dokumente der politischen und kulturellen Verwilderung unserer Zeit. Zusammengestellt vom Central-Verein Deutscher Staatsbürger jüdischen Glaubens e.V. 1932. S.1.

ber deutlich parallel zu dem Anschwellen der judenfeindlichen Agitation in Deutschland.[153]

Das folgende Beispiel aus dem Jahre 1930 steht für viele andere Fälle auch: Im November wurden auf dem jüdischen Friedhof von Trebnitz in Niederschlesien 34 Grabsteine mit großen Hakenkreuzen beschmiert und die Fenster der Leichenhalle vollkommen zertrümmert. Die Innenwand der Halle wurde mit drei rot bemalten Kreuzen, die die Inschrift „Heil Hitler, Juda verrecke" trugen, beschmiert. In der Mitte war ein Galgen gezeichnet, mit einem gehängten Juden. Nachdem sich die lokale Ortsgruppe der NSDAP von den „Schmierfinken" distanziert hatte, konnten die Täter ermittelt werden. Sie gehörten aber nach eigenen Aussagen der Partei an. Zwei der drei Täter wurden zu kurzen Gefängnisstrafen ohne Bewährung verurteilt.[154]

Nach 1945 blieben viele der in den Jahren der NS-Herrschaft verwüsteten Friedhöfe zum Teil bis weit in die fünfziger Jahre zerstört liegen. Oftmals waren es die Angehörigen der auf den jeweiligen Friedhöfen Bestatteten, die bei ihren ersten Besuchen nach dem Ende des Krieges auch die Gräber ihrer Familien aufsuchten und, entsetzt über die verwahrlosten Friedhöfe, sich an die lokalen Verwaltungen wandten und um Wiederherstellung der Friedhöfe baten.

Die Friedhofsschändungen nach 1945 werden erst seit 1976 regelmäßig und zuverlässig erfasst. Das Bundesjustizministerium und der Verfassungsschutz legen jährliche Auflistungen der stattgefundenen Verwüstungen vor. Dennoch bleibt sicherlich eine Dunkelziffer, die dadurch entsteht, dass manche Schändung mangels regelmäßigen Besuchs der Friedhöfe erst sehr viel später entdeckt wird und nicht immer Anzeigen erstattet werden. Auch wird immer wieder auf ein Öffentlichmachen durch die Presse verzichtet, um keine Nachahmungstäter zu produzieren. Im Jahre 1980 legte Adolf Diamant eine Untersuchung[155] vor, in der er alle Friedhöfe der damaligen Bundesrepublik und der DDR aufführt. In einem Anhang listet er die zwischen 1945 und 1980 gemeldeten

---

[153]) Nach den Feststellungen des Central-Vereins kam es im Zeitraum von 1923 bis zum 1. Juli 1932 neben den Friedhofsschändungen auch zu 48 Schändungen, Verwüstungen oder Beschmutzungen von Synagogen. - 125 Friedhofsschändungen in Deutschland. S. 31.

[154]) 125 Friedhofsschändungen in Deutschland. S. 25.

[155]) A. Diamant, Jüdische Friedhöfe in Deutschland - eine Bestandsaufnahme. Frankfurt a.M. 1982.

Schändungen auf. Dabei kommt er für das Gebiet der Bundesrepublik auf insgesamt 420 Friedhofsschändungen, wobei manche Friedhöfe in diesem Zeitraum zum Teil sogar mehrfach betroffen waren. Einige Jahre später haben zwei Studenten in einer Examensarbeit ebenfalls die Friedhofsschändungen in Deutschland untersucht und die Zahlen bis 1985 fortgeschrieben. Sie ermittelten für das Gebiet der damaligen Bundesrepublik Deutschland 649 registrierte Fälle von Schändungen. Bei einer Gesamtzahl von 1394 Friedhöfen ist somit statistisch fast jeder zweite Friedhof einmal geschändet worden; nur statistisch, weil, wie oben erwähnt, einige Friedhöfe in dem untersuchten Zeitraum mehrfach geschändet wurden.[156]

Schaut man sich die Zahl der Friedhofsschändungen bezogen auf die Jahrzehnte der 50er, 60er und 70er Jahre an, so kann festgestellt werden, dass es einen kontinuierlichen Anstieg gab: Von 1950 bis 1959 gab es 90 Schändungen, in den 60er Jahren 102 Schändungen und von 1970 bis 1979 wurden 169 Friedhöfe verwüstet. Bis 1985 ist die Zahl der Friedhofsschändungen weiter dramatisch angestiegen. Mit ca. 45 Fällen pro Jahr hat es seit Anfang der achtziger Jahre fast jede Woche irgendwo in Deutschland eine Schändung gegeben, wurde die Ruhe und Würde der Toten verletzt.[157]

Die Schändungen geschehen durch Beschädigen, Umstürzen oder Zerstören von Grabsteinen, Verwüsten der Anlagen und Beschmieren der Grabsteine und Friedhofsummauerungen mit Hakenkreuzen und antisemitischen Parolen. Meist wird sich an den kleineren und mittleren Grabsteinen vergriffen. Größere Denkmäler bleiben wegen ihrer Größe und ihres Gewichts oftmals unbehelligt.

In den Medien werden Meldungen über Friedhofsschändungen oft auf nur kurze Nachrichten reduziert. Es findet meist keine groß angelegte Berichterstattung über die möglichen Hintergründe statt. Man wolle keine „schlafenden Hunde" wecken bzw. keine „Trittbrettfahrer" anlocken. Zwar gilt es für Journalisten, zwischen Informationsgebot und -wirkung abzuwägen, doch muss nachgefragt werden, ob eine Informationssperre den Antisemiten nicht mehr nützt, als deren Gegnern. Wenn über Friedhofsschändungen nicht berichtet wird, kann sich keine Bewusstseinsbil-

---

[156]) Schändung und Zerstörung jüdischer Friedhöfe in der Bundesrepublik Deutschland nach 1945. Diplomarbeit vorgelegt von Rainald Becker und Alexander W. Vennekel. Univ. -GH Duisburg 1985. [Unveröff. Masch.-Manusskript]

[157]) A. Diamant, Jüdische Friedhöfe in Deutschland. S. 204-207.

dung entwickeln und es kann keine Gegenreaktionen der Bevölkerung geben. Überhaupt stellt sich die Frage, ob angesichts der immer wieder stattfindenden Schändungen, die „schlafenden Hunde" noch geweckt werden müssen.

Auch im Ausland gibt es Schändungen jüdischer Friedhöfe, wie gelegentliche Presseberichte über besonders spektakuläre Fälle, so zum Beispiel vor einigen Jahren in Frankreich, zeigen. Doch grundsätzlich scheint auch hier das Prinzip der Zurückhaltung bei der öffentlichen Berichterstattung und der behördlichen Erfassung zu gelten.

9 Inschriftenbeispiele

9.1 Inschriften für Frauen

Hier ist verborgen
die angesehene und fromme Frau, Frau Esther, Tochter des Herrn
Jehuda Hakohen, Gattin des toragelehrten Herrn Jizchak Hakohen
sie stieg auf zur Höhe am 17. Schewat 654
Gattin eines Kohen, Zierde Ihres Gatten - Hoffnung gibt es für ihren
Jüngsten Tag
es trauerten und klagten die Vorübergehenden: wir alle haben mit ihrem Verlust verloren
alle Tage des Lebens erwies sie dem Gatten ihrer Jugend Gutes
Hungrige sättigte sie mit Brot, Verbitterte erquickte sie mit dem Honig
ihrer Worte
sie wusste ihrem Schöpfer wohlgefällig zu sein mit ihrem Gebet morgens
wie abends nach Brauch und Sitte
das Haar ihres Hauptes verbarg sie züchtig, dass es sich nicht beim
Ausgehen zeigte
Goldgeschmeide und Silberreif stiftete sie, um die Säulen der Tora zu
stützen
Geschlecht um Geschlecht soll ihre Taten loben, ihr Lob werde mit lauter Zunge verkündet
sie errichtete sich Zeichen und Namen in den Toren, von der
Halacha ausgezeichnet
als Kohenet geboren, ward sie einem Kohen zugeführt, darum auch
sind ihre Hände zum Segen ausgebreitet
siehe ebenso wird sie gesegnet sein und ihr Verdienst auf alle Ewigkeit
bestehen

die Lieblichkeit des Ewigen erschaue sie und tue uns allen Fürsprache
in den Himmelshöhen
Ihre Seele sei eingebunden in das Bündel des Lebens[158]

Esther Kounen ist die Ehefrau von Isaac Kounen (Kap. 9.2, 1. Text).
Michael Brocke weist in seiner Beschreibung der Inschrift auf einige Besonderheiten hin. So wird hervorgehoben, dass Frau Esther beim Verlassen des Hauses ihr Haupthaar mit einer Perücke oder einer Kopfbedeckung verhüllt. Da dieses für jahrhundertelang selbstverständlich war,
wäre es niemandem eingefallen, dies in einer Grabsteininschrift zu er-
wähnen. Es zeigt sich, dass dieser Brauch nicht mehr selbstverständlich
war, und daher als gutes Beispiel möglicherweise hervorgehoben werden
konnte. Als gewagt muss dagegen das Hervorheben ihrer Abstammung
aus dem Geschlecht der Kohanim gelten, die über die männliche Linie
weitervermittelt wird.[159]

Denn der Staub muss wieder zur Erde kommen,
wie er gewesen ist, und der Geist wieder
zu Gott, der ihn gegeben hat. [Koh 12,7]
Hier wurde begraben
eine angesehene Frau, Frau
Rös´che, Frau des Herrn Lippmann
Leeser, sie wurde geboren am 2. Tevet
584 und starb und wurde versammelt
zu ihrem Volk am Dienstag, den 11.
ersten Adar 632 n.d.k.Z.
Ihre Seele sei eingebunden in das Bündel des Lebens.[160]

2. Tevet 584 = 25.12.1823
11. Adar I 632 = 20.2.1872

Hier liegt begraben
die Frau Vögelche
Tochter des Meir, gestorben

---

[158]) Krefeld: M. Brocke, Grenzsteine jüdischen Lebens. S. 44.

[159]) M. Brocke, Grenzsteine jüdischen Lebens. S. 41.

[160]) Dülmen, Westfalen: Karina Lehnardt, Der jüdische Friedhof in Dülmen. Dülmen
1991. S. 71.

am Sonntag, den 27.
Tevet 650 n.d.k.Z.
Ihre Seele sei eingebunden in das Bündel des Lebens.

<u>Deutsche Inschrift:</u>
Hier ruht
Frau Herz Pins
gb. Rika Blume
gb. 27. Juni 1853
gst. 19. Jan 1890[161]

27. Tevet 650 = 19.1.1890

Diese Inschrift weist zwei Besonderheiten auf. Hier findet man in der
deutschen Inschrift den „normalen" bürgerlichen Namen und zwar zu-
erst den Namen des Ehemannes, dann den Vornamen und den
Geburtsnamen der Frau. Die hebräische Inschrift nennt dagegen den
vertrauten, privaten Namen, womöglich gar den Kosenamen der Frau,
mit dem ihr Gatte sie anredete.

Hier ist begraben
eine Frau, rein, angesehen
und lauter, teurer als Perlen
Frau Riwka Tochter seiner Ehren Dow
Katz, Gattin seiner Ehren Herrn Se´ew Sohn des
Nathan, sie verschied und wurde begraben am
Montag 25. Tewet des Jahres 597 n.d.k.Z.
Ihre Seele sei eingebunden in das Bündel des Lebens[162]

597 = 1837

Hier ist begraben
die tüchige Gattin, Zierde
ihres Gatten und Zierde
ihrer Kinder, sie tat Gutes
all ihre Tage, Frau
Rös´chen Tochter des Bender

---

[161] Dülmen, Westfalen: K. Lehnardt, Der jüdische Friedhof in Dülmen. S. 109.
[162] Velbert : ... ein Zeuge sei dieses Steinmal. S. 48.

sie starb in gutem Greisenalter
am Mittwoch 29. Cheschwan
und wurde begraben am Freitag 2.
Kislew des Jahres 651 n.d.k.Z.
Ihre Seele sei eingebunden in das Bündel
des Lebens[163]

29. Cheschwan = 11.11.1890

Die halachische Vorschrift, Tote am Sterbetag (außer am Schabbat und an Feiertagen) zu bestatten, konnte aufgrund obrigkeitlicher Verordnungen häufig nicht mehr eingehalten werden.

Hier ist begraben
die angesehene Frau, Frau Jettche,
Tochter des ehrenwerten Herrn Mordechai,
es bewahre ihn sein Fels und Erlöser, Gattin des
ehrenwerten Herrn Feis Stern
es bewahre ihn sein Fels und Erlöser, sie
wurde geboren
am Neumond Aw 560 und sie wurde geführt
in die Höhe am heiligen Schabbat am Vorabend von
Schawuot 599.
Ihre Seele sei eingebunden in das Bündel des Lebens

Deutsche Inschrift:
Hier ruht
Henriette Stern
geb. Marcus.
Sie erblickte das Licht der
Welt am 23. Juli 1800 und
starb den 18. Mai 1839.

Du Theure hast nun aus-
gelitten
Und sankst zu früh ins
stille Grab.
Der Schöpfer ließ sich nicht
erbitten

---

[163]) Velbert : ... ein Zeuge sei dieses Steinmal. S. 49.

Der Dir ein bessres Leben
gab.[164]

In der hebräischen Inschrift wird, wie meist üblich, der gebräuchliche Rufname angegeben, also Jettche statt Henriette oder Jetta. Frauen trugen seltener als Männer hebräische Vornamen. Die hebräische Datierung orientiert sich in diesem Text an dem Festkalender.

Hier ist begraben
ein zartes Mädchen, wie die Rose
erblüht sie, nur wenig erst
im Lande und flieht doch schon.
Gepflückt ward sie in ihrer
Blüte noch, der Engel
trug zum Himmel ihr
Herz, es ist Dina, Tochter der Sara
Neukamp, gestorben am 2. Tag von Pessach
632 n.d.k.Z.
Ihre Seele sei eingebunden in das Bündel des Lebens.

Deutsche Inschrift:
Im Lenze des Lebens
rief dich dein Hort
Von hier nach einem
bessern Ort.

Hier ruhet
Dina Neukamp
Sie schied von
hinnen
den 24. April 1872

Irdisches Ende,
ist Verwesung
Göttliches Rufen,
bringt Erlösung[165]

---

[164]) Soest: M. Brocke, Der jüdische Friedhof in Soest. S. 47.
[165]) Soest: M. Brocke, Der jüdische Friedhof in Soest. S. 151.

Hier ist begraben
die jungfräuliche Braut,
Frau Veigle, Tochter des Herrn
Süßer, noch in ihrer Blüte
pflückte sie der Tod
an dem Tag der Versöhnungen
631 n.d.k.Z., zum Leide
ihrer Eltern, und um ihrer Gerechtigkeit willen
sei ihre Seele eingebunden in das Bündel des Lebens

Deutsche Inschrift:
Am heil´gen Sühntage
Endigte Deine Plage.
Dir zur Freude,
Den Deinen zum Leide.
Aber Friedenspalme
hast Du errungen,
Dir ist Gottes heil´ger
Ruf erklungen

Sanft
ruhe ihre
Asche[166]

631 = 1870/71

Der Schlussvers der deutschen Inschrift „Sanft ruhe ihre Asche" ist den christlichen Grabsteininschriften entnommen.

9.2 Inschriften für Männer

Hier ist verborgen
Der Toragelehrte Herr Jizchak, Sohn des Toragelehrten Schlomo Zvi
    Hakohen
Geboren am Ausgang des Schabbat, dem Zweiten Tag Neujahr 571
Eingegangen in seine Ewigkeit am 4. Tag Mittwoch, dem Vorabend des
Neujahrs 646 und Begraben am 1.Tag Sonntag

---

[166]) Soest: M. Brocke, Der jüdische Friedhof in Soest. S. 141.

Guten Lohn hat sein Wirken und Hoffnung gibt es für seinen Jüngsten
   Tag
Wohltätig war er, Großzügigen HERZENS, seiner Seele zum Verdienst
Gutes vergalt er seiner Gefährtin, der Gerechten, der Gattin seines
   Bundes
Die Versammlung seiner Gemeinde und der Stadt seines Wohnsitzes
   leitet er in Rat und Weisheit
Einen Namen, besser als Söhne und Töchter, erwarb er sich zur Ehre
   seines Schöpfers
Dem Lehrer-Seminar zu Köln stiftete er Segen aus seinem Vermögen
mit seiner Kehle ehrte er den Herrn in Chören mit lauterer und reiner
   Zunge
Früh und spät an jedem Tag setzte er Zeiten fest zum Studium der
   Lehre
Die Kronen der Tora, des Priestertums und des guten Namens waren
auf seinem Haupte in Wohlgefallen stets verbunden
die Lieblichkeit seines Wohltuns stehe uns bei in alle Ewigkeit
Seine Seele sei eingebunden in das Bündel des Lebens[167]

Isaac Kounen ist der Ehemann von Esther Kounen (Kap. 9.1, 1. Text).
Bei dem Ehepaar Kounen handelte es sich mit Sicherheit um wohlhabende Personen. Dennoch ist in der Grabinschrift nichts über den
weltlichen Beruf des Mannes ausgesagt. Es zählten nur die religiösen Tu-
genden wie Frömmigkeit, Wohltätigkeit und das regelmäßige Tora-
studium.

Gedenkstein
des Begräbnisses eines geehrten Mannes, der für sein Volk Gutes
suchte
und Gerechtigkeit übt in seiner Gemeinde, das ist der Mann, das
Haupt der Gemeinde, der teure Gemeindevorsteher,
der ehrwürdige Herr Salomo Sohn des Herrn
Chaim, geboren am 12. Schewat
570 n.d.k.Z. und gestorben am 5. Adar 634 n.d.k.Z.
Seine Seele sei eingebunden in das Bündel des Lebens.[168]

---

[167] Krefeld: M. Brocke, Grenzsteine jüdischen Lebens. S. 45.
[168] Dülmen, Westfalen: K. Lehnardt, Der jüdische Friedhof in Dülmen. S. 86.

12. Schewat 570 = 17.1.1810
5. Adar 634 = 22.2.1874

Hier ist begraben
sein guter Name ist bekannt, denn makellos
und aufrecht waren seine Werke
die Gebote des Herrn waren der Anfang
seines Handelns
Milde zu üben erbarmte er sich den Elenden all seine Tage
und achtete Wahrheit und Wohltätigkeit, bis
er zu seinem Volk versammelt wurde
Angenehmes sei seiner Seele Sättigung; der
Allmächtige in seinen Höhen;
er war der teure Mann seine Ehren Schim´on
Sohn seiner Ehren Jekutiel Segal
er verschied am Sonntag, 4. Tag des
Laubhüttenhüttenfestes 620 n.d.k.Z.[169]

620 = 1859

In dieser Inschrift erfolgt die Datierung nicht nach dem Jahreskalender, sondern nach dem Festkalender.

Hier ist begraben
der Junggeselle, liebenswert und gebildet Otto Kalischer
er verschied am Donnerstag
und wurde begraben am Freitag
Vortag des heiligen Schabbat 22. Kislew 614 n.d.k.Z.
Seine Seele sei eingebunden in das Bündel des Lebens.[170]

22. Kislew 614 = 22.12.1853. Otto Kalisch wurde nur 17 Jahre alt.

Hier ist begraben
ein Mann, rein und angesehen, sein Name wird gelobt in den Toren
es preisen ihn die Kinder seines Volks, es freuten sich an ihm die
Rechtschaffenen
sein Geld gab er zur Unterstützung der Armen, zum Aufrichten der Be-

---

[169]) Velbert : ... ein Zeuge sei dieses Steinmal. S. 26.
[170]) Velbert : ... ein Zeuge sei dieses Steinmal. S. 34.

96

dürftigen

er war Herr Naftali Sohn des David gesegneten Andenkens, er legte
sich zu seinen Vätern

achtundsiebzig Jahre waren die Jahre seines Daseins

er verschied am Donnerstag 27. Tischri und wurde begraben am folgenden Tag

am Freitag Vortag des heiligen Schabbat 611 n.d.k.Z.

Sicher schlafe sein Leib
wie schlafend ruht er auf seinem Lager
bis zu der Zeit, da er von seinem Schlaf erwacht

Seine Seele sei eingebunden in das Bündel des Lebens[171]

Der dreizeilige Vers zum Ende der Inschrift bringt die Gewissheit zum Ausdruck, dass die Existenz des Menschen durch den Tod nicht endgültig zu Ende ist, und dokumentiert die Hoffnung auf die Auferstehung.

Unter diesem Hügel ist bestattet
Unser Herr, unser Lehrer, unser Rabbi, der gerechte Rabbi,Korb voller Bücher, der gelehrte
Herr ABRAHAM MORDECHAI
Sohn des Rabbi, Fürsten der Tora
Herrn Chaijm Cheika sel. Angedenkens aus Bjeshun
gestorben am Montag, 26. Tammus 5698

Ach mein Vater, mein Rabbi, Wagen Israels
    und seine Reiter
Bei deinem Hinaufsteigen zum Himmel
    wurde in der Stadt
    eine Stimme gehört, Waisen waren wir
    ohne Vater
Recht zart an Jahren krönte man dich in
    Bjeshun
    mit der Krone des Rabbinats
A (Vokal, hebräisch nicht ausgesprochen)
Hast dort Lehre und Weisheit unter vielen
    verbreitet zur Ehre
A

---

[171]) Velbert : ... ein Zeuge sei dieses Steinmal. S. 46.

*M*ächtiger Schild ABRAHAMS warst du für
   die Seufzenden
   und Gedrückten
*M*it wie großen Taten schafftest du Tag und
   Nacht
O
*R*abbi warst du in Berlin 24 Jahre lang
*D*ort hast du dir einen guten Weg gebahnt,
   um zu den
   Geliebten und Geehrten im Leben zu
   gehören
E
*CH*orartig sagt das ganze Volk: Unser
   Lehrer wird leben; du
   bist nicht durch den Tod von uns
   geschieden
A
*I*n Ewigkeit sei dein Name gepriesen

Seine Seele möge eingebunden sein in den Bund des Lebens[172]

Rabbiner Abram Mordko Grynberg (1867 bis 1938) galt als Wunderrabbi. Sein hebräisch beschrifteter Grabstein, zeigt ein Akrostichon, ein Gedicht, dessen Anfangsbuchstaben untereinander gelesen seinen Namen Abraham Mordechai ergeben.

Die nachfolgende Inschrift stammt von einem Grabstein des Breslauer Friedhofs an der Lohestraße und ist in deutscher Sprache verfasst.[173]

Denkstein der Liebe
für J. Schwabach
Mitstifter
der Gesellschaft der Freunde
zu Breslau
geb. den 20. November 1791,
gest. den 3. März 1877,

---

[172]) Berlin, Weissensee; A. Etzold, Jüdische Frieghöfe in Berlin. S. 145-1147.
[Ins Deutsche übertragen von Heinrich und Marie Simon, Berlin.]
[173]) Inschrift vom Autor selbst anlässlich eines Besuchs auf dem Friedhof aufgezeichnet.

errichtet von den
Verwandten des Entschlafenen.

Er ging durchs Leben
grad und schlicht dahin.
Dem Guten zugewandt
sein Herz und Sinn.
Dem Freund ein Freund,
mit Rath und That ergeben.
So wird sein Bild auch
weiter in uns leben.

10 Der jüdische Kalender

Die Datumsangaben in den hebräischen Inschriften richten sich nach dem jüdischen Kalender. Diese Zeitrechnung unterscheidet sich von der bürgerlich-nichtjüdischen, die vom gregorianischen Kalender ausgeht.[174]

Das jüdische Jahr ist ein kombiniertes Sonnen- und Mondjahr, ein Lunisolarjahr. Das Mondjahr umfasst 354 Tage mit zwölf Monaten, die aus 29 oder 30 Tagen bestehen. Das Sonnenjahr umfasst aber 365 Tage und auch die Jahreszeiten richten sich nach der Sonne aus. Damit sich die jahreszeitlich gebundenen Feste, die Lesungen und Gebete nicht vollständig aus den Jahreszeiten entfernen, wird in einem Rhythmus von 19 Jahren siebenmal ein Schaltjahr eingefügt. Den Monat Adar gibt es dann zweimal. Jeweils im 3., 6., 8., 11., 14., 17. und 19. Jahr wird ein ganzer Monat, Adar II genannt, eingeschoben. Das Schaltjahr hat dann 384 Tage. Eine weitere wichtige Regel besagt, dass das Neujahrsfest, der 1. Tischri (im September bzw. Oktober des gregorianischen Kalenders), nicht auf einen Sonntag, Mittwoch oder Freitag fallen darf. Denn sonst würden die wichtigen Feiertage Rosch Haschana (das Neujahrsfest) und Jom Kippur (der Versöhnungstag) dem Schabbat unmittelbar vorausgehen oder nachfolgen. Es wäre dann nicht möglich, alle religiösen Pflichten zu erfüllen. Normale Jahre können daher zwischen 353 und 355 Tagen und Schaltjahre zwischen 383 und 385 Tagen variieren.

Die jüdische Zeitrechnung beginnt mit der Erschaffung der Welt und zählt heute (1997/98) das Jahr 5758. Bei der Jahreszählung haben die

---

[174]) Eine ausführliche Darstellung des jüdischen Kalenders bietet: Ludwig Basnizki, Der jüdische Kalender. Entstehung und Aufbau. Königstein 1986. Die folgenden Ausführungen beziehen sich auf diese Darstellung.

Rabbinen und Schriftgelehrten die Geschlechterregister der Bibel zurückgerechnet und sind einschließlich der Schöpfungstage auf den 1. Tischri als Beginn der Schöpfung gekommen. Dieser Tag ist daher der Neujahrstag Rosch Haschana. Hier ändert sich auch die Jahreszählung. Daneben gibt es einen weiteren, religiösen Jahresbeginn. Im Nissan wird das Pessach-Fest gefeiert. „Dieser Monat soll euch der erste sein...", heißt es daher in der Bibel, weil mit der Flucht aus Ägypten die Volkwerdung Israels begann. Der erste Nissan war der Neujahrstag für die Könige, die nach diesem Datum ihre Regierungsjahre zählten. Es war auch der Neujahrstag für die Zählung der Festtage, so dass Pessach das erste Fest des Jahre wurde.[175]

Der Tag beginnt mit dem Abend, d.h. mit Sonnenuntergang, getreu der Darstellung in der Schöpfungsgeschichte „Es ward Abend, und es ward Morgen, ein neuer Tag". Die Wochentage haben keine eigenen Namen, sondern werden mit dem Zahlenwert der ersten sechs Buchstaben des hebräischen Alphabets wiedergegeben.

Neben der Datierung nach dem Kalender gibt es die Möglichkeit, das Datum anhand der jüdischen Fest- und Feiertage festzusetzen - z.B. „Noch in ihrer Blüte pflückte sie der Tod am Tag der Versöhnungen 631 n.d.k.Z.". Für diese Form der Datierung kann auf alle religiösen Feste zurückgegriffen werden, auf die großen Feste wie Pessach, Schawuot, Sukkot ebenso wie auf die historischen Feste Chanukka und Purim, auf einzelne Fast- und Trauertage sowie auf die „Zwischenfeiertage" oder „Mittelfeiertage" zu Pessach und Sukkot. Außerdem werden gern die Anfänge eines jeden Monats, die Neumondtage, hervorgehoben.[176]

Eine weitere Möglichkeit, ein Datum wiederzugeben, vor allem wenn dieses Datum auf einen Schabbat fällt, ist die Nennung des jeweiligen Wochenabschnitts für die Toralesung. Allerdings findet sich diese Möglichkeit seit dem Mittelalter nur noch sehr selten.[177]

---

[175]) Ch. H. Donin, Jüdisches Leben. S. 253.
[176]) Ein Beispiel hierfür findet sich u.a. in Text 6 von Kap. 10.
[177])Michael Brocke, Der jüdische Friedhof in Soest. Eine Dokumentation in Text und Bild. Unter Mitarbeit von Regina Schorzmann und Nathanja Hüttenmeister. Soest 1993. S. 36. – M. Brocke, Stein und Name, S. 55.

11 Literaturverzeichnis

Philippe Ariès, Bilder zur Geschichte des Todes. München, Wien 1984.

Philippe Ariès, Geschichte des Todes. 4. Aufl. München 1989.

Der Babylonische Talmud. Neu übertragen durch Lazarus Goldschmidt. 12 Bde. Berlin 1930-1936.

Naftali Bar-Giora Bamberger, Der jüdische Friedhof in Celle. Memor-Buch. Heidelberg 1992.

Ludwig Basnizki, Der jüdische Kalender. Entstehung und Aufbau. Königstein/Ts. 1986. [Erstausgabe: Frankfurt 1938.]

Friedrich Battenberg, Das europäische Zeitalter der Juden. Zur Entwicklung einer Minderheit in der nichtjüdischen Umwelt Europas. 2 Bde. Darmstadt 1990. - Bd. 1: Von den Anfängen bis 1650. Bd. 2: Von 1650 bis 1945.

Simon Bernfeld, Friedhofshallen. In: Ost und West, 1909. Sp. 681-690.

Bernhard Brilling, Der älteste mittelalterliche jüdische Grabstein Westfalens. In: Westfalen 44, 1966. S. 212-217.

Michael Brocke, Erbe und Aufgabe. Jüdische Friedhöfe in der Bundesrepublik Deutschland. In: Tribüne, 23. Jg., H. 92, 1984. S. 67-76.

Michael Brocke, Hartmut Mirbach, Grenzsteine jüdischen Lebens. Auf jüdischen Friedhöfen am Niederrhein. Duisburg 1988.

Michael Brocke, Eckehart Ruthenberg, Kai Uwe Schulenberg, Stein und Name. Die jüdischen Friedhöfe in Ostdeutschland (Neue Bundesländer /DDR und Berlin). Berlin 1994. (Veröffentlichungen aus dem Institut Kirche und Juden; Bd. 22)

Michael Brocke, Der jüdische Friedhof in Soest. Eine Dokumentation in Text und Bild von Michael Brocke unter Mitarbeit von Regina

Schorzmann und Nathanja Hüttenmeister. Die jüdische Gemeinde Soest. Ihre Mitglieder von 1700 bis zur Vertreibung und Ermordung im Dritten Reich. Versuch einer Rekonstruktion. Von Gerhard Köhn. Soest 1993.

Die vierundzwanzig Bücher der Heiligen Schrift. Übersetzt von Leopold Zunz. Basel 1980.

Adolf Diamant, Jüdische Friedhöfe in Deutschland - eine Bestandsaufnahme. Frankfurt a.M. 1982.

Der Davidstern. Zeichen der Schmach - Symbol der Hoffnung. Hrsg. von Wolf Stegemann und S. Johanna Eichmann. Dorsten 1991.

Rabbiner Chajim Halevy Donin, Jüdisches Gebet Heute. Eine Einführung zum Gebetbuch und zum Synagogengottesdienst. Zürich 1986.

Rabbiner Chajim Halevy Donin, Jüdisches Leben. Eine Einführung zum jüdischen Wandel in der modernen Welt. Zürich 1987.

Willehad Paul Eckert, Antisemitismus im Mittelalter. Angst-Verteufelung-Habgier: „Das Gift, das die Juden tötete." In: Günther B. Ginzel, Antisemitismus. Erscheinungen der Judenfeindschaft gestern und heute. Bielefeld 1991. S. 71-99.

Ismar Elbogen, Eleonore Sterling, Die Geschichte der Juden in Deutschland. Frankfurt 1988.

Petr Ehl, Arno Parik, Jiri Fiedler, Alte Judenfriedhöfe Böhmens und Mährens. Prag 1991.

Rainer Erb (Hrsg.), Die Legende vom Ritualmord. Zur Blutbeschuldigung gegen Juden. Berlin 1993.

Alfred Etzhold, Joachim Fait, Peter Kirchner, Heinz Knobloch, Jüdische Friedhöfe in Berlin. Frankfurt a.M. 1988.

Encyclopaedia Judaica. Das Judentum in Geschichte und Gegenwart.
Art. „Auferstehung". Bd. 3. Berlin 1929. Sp. 665-668
Art. „Eschatologie". Bd. 6. Berlin 1930. Sp. 765-771.
Art. „Grab". Bd. 7. Berlin 1931. Sp. 606-634.
Art. „Katakomben". Bd. 8. Berlin 1932. Sp. 1036-1055.

Jürgen Faust, Michael Studemud-Halevy, Betahaim. Sefardische Gräber in Schleswig-Holstein. Glückstadt 1997.

Alte Friedhöfe in Münster. Geschichte - Kunstgeschichte. Katalog der Ausstellung im Stadtmuseum Münster. Münster 1987.

Rabbi Schelomo Ganzfried, Kizzur Schulchan Aruch. Ins Deutsche übertragen von Rabbiner Dr. Selig Bamberger. Neue verbesserte Ausgabe. 2 Bde. Basel 1988.

Karl E. Grözinger, Die Totenruhe im Judentum. 1n: Menora. Jahrbuch für deutsch-jüdische Geschichte. Bd. 4, 1993. S. 259-272.

Eva Grulms, Bernd Kleibl, Jüdische Friedhöfe in Nordhessen. Bestand und Sicherung. Kassel 1984.

Gute Nachricht Bibel. Revidierte Fassung 1997 der „Bibel in heutigem Deutsch". Stuttgart 1997. (CD-Rom-Fassung)

Heinrich Heine, Werke und Briefe in zehn Bänden. Hrsg. von Hans Kaufmann. 2. Aufl. Berlin und Weimar 1972. Bd. 3. S.260.

Frowald Gil Hüttenmeister, AHG. Abkürzungsverzeichnis hebräischer Grabinschriften. Frankfurt a. M. 1996. (Frankfurter Judaistische Studien; Bd. 11)

Jüdisches Lexikon. Ein enzyklopädisches Handbuch des Wissens in vier Bänden. Frankfurt a.M., 2. Aufl. 1987. (Reprint der 1. Aufl. von 1927.)
Art. „Auferstehung". Bd. 1. Sp. 566-568.
Art. „Friedhof". Bd. 2. Sp. 814-819.
Art. „Grabinschriften". Bd. 2. Sp. 1248-1251.
Art. „Grabsteine, jüdische". Bd. 2. Sp. 1253-1261.
Art. „Katakomben, jüdische". Bd. 3. Sp. 616-619.

Westfalia Judaica. Quellen und Regesten zur Geschichte der Juden in Westfalen und Lippe. Bd. I: 1005-1350. Hrsg. von Bernhard Brilling und Helmut Richtering. 2. Aufl. mit Nachträgen von Diethard Aschoff. Münster 1992.

Frantisek Kafka, Neuer Jüdischer Friedhof. Prag 1991.

Hans Körner, Grabmonumente des Mittelalters. Darmstadt 1997.

Monika Krajewska, Zeit der Steine. Einführung: Anna Kamienska. Warschau 1982.

Monika Krajewska, A Tribe of Stones. Jewish Cemeteries in Poland. Warsaw 1993.

Karina Lehnardt, Der jüdische Friedhof in Dülmen. Hrsg. von der Stadt Dülmen, Texte von Karina Lehnardt. Dülmen 1991.

Pnina Navé Levinson, Einführung in die rabbinische Theologie. 2., unv. Aufl., Darmstadt 1987.

Pnina Navé Levinson, Einblicke in das Judentum. Paderborn 1991.

Klaus Meier-Ude, Valentin Senger, Die jüdischen Friedhöfe in Frankfurt. Mit Fotos von Klaus Meier-Ude und Texten von Valentin Senger. Frankfurt a.M. 1985.

Peter Melcher, Weissensee. Ein Friedhof als Spiegelbild jüdischer Geschichte in Berlin. Berlin 1987.

Gerd Mentgen, Die Juden des Mittelrhein-Mosel-Gebietes im Hochmittelalter unter besonderer Berücksichtigung der Kreuzzugsverfolgungen. In: Der Erste Kreuzzug und seine Folgen. Die Verfolgung von Juden im Rheinland. Düsseldorf 1996. S. 37-75.

Dieter Mertens, Christen und Juden zur Zeit des Ersten Kreuzzuges. In: Bernd Martin und Ernst Schulin (Hrsg.), Die Juden als Minderheit in der Geschichte. München, 3. Aufl. 1985. S. 46-67.

Wilhelm Messener, Zu extremen Gedanken über Bestattung und Grabmal um 1800. In: Kunstgeschichte und Kunsttheorie im 19. Jahrhundert. Berlin 1963. S. 172-194. (Probleme der Kunstwissenschaft I)

Der Midrasch Bereschit Rabba. Das ist die haggadische Auslegung der Genesis. Zum ersten Mal ins Deutsche übertragen von August Wünsche. Leipzig 1881.

Die Mischna. Text, Übersetzung und ausführliche Erklärung. Mit eingehenden geschichtlichen und sprachlichen Einleitungen und textkritischen Anhängen unter Mitwirkung von Prof. D. Dr. Albrecht... hrsg. von Prof. Dr. G. Beer ...Gießen 1929ff.

Die Mischna. Text, Übersetzung und ausführliche Erklärung mit eingehenden geschichtlichen und sprachlichen Einleitungen und textkritischen Anhängen. Begründet von Georg Beer und Oscar Holtzmann. Unter Mitarbeit zahlreicher Gelehrter des In- und Auslandes in Gemeinschaft mit Günter Mayer und Rudolf Meyer hrsg. von Karl-Heinrich Rengstorf und Siegfried Herrmann. Berlin, New York 1988.

Gerhard Richter, Die Wandlung des friedhofsarchitektorischen Erscheinungsbildes für die Zeit von 1750 bis 1850. In: Hans Kurt Boehlke (Hrsg.), Vom Kirchhof zum Friedhof. Wandlungsprozesse zwischen 1750 und 1850. Kassel 1984. S. 137-143.

Ruth Röcher, Tod, Bestattung und Trauer im Judentum. In: Klaus Dietermann; Johanna Morgenstern-Wulff, Die jüdischen Friedhöfe im Kreis Siegen-Wittgenstein. Siegen 1991. S. 3-8.

Hedwig Röcklein, »Die grabstain, so vil tausent guldin wert sein«: Vom Umgang der Christen mit Synagogen und jüdischen Friedhöfen im Mittelalter und am Beginn der Neuzeit. In: Aschkenas, Jg. 5, H. 1, 1995. S. 11-45.

Ernst Roth, Zur Halachah des jüdischen Friedhofs. Teil 1. In: Udim. Zeitschrift der Rabbinerkonferenz in der Bundesrepublik Deutschland. Bd. IV. Frankfurt a.M. 1973. S. 97-120.

Ernst Roth, Zur Halachah des jüdischen Friedhofs. Teil 2. In: Udim. Zeitschrift der Rabbinerkonferenz in der Bundesrepublik Deutschland. Bd. V. Frankfurt a.M. 1974/75. S. 89-124.

Rosemary Ruether, Nächstenliebe und Brudermord. Die theologischen Wurzeln des Antisemitismus. München 1978.

Schändung und Zerstörung jüdischer Friedhöfe in der Bundesrepublik Deutschland nach 1945. Diplomarbeit vorgelegt von Rainald Becker und Alexander W. Vennekel. Univ.-GH Duisburg 1985. [Unveröff. Masch.-Manusskript]

Günter Stemberger, Midrasch. Vom Umgang der Rabbinen mit der Bibel. Einführung, Texte, Erläuterungen. München 1989.

Hartmut Stratmann, Günter Birkmann, Jüdische Friedhöfe in Westfalen und Lippe. Düsseldorf 1987.

Alfred Udo Theobald (Hrsg.), Der jüdische Friedhof. Zeuge der Geschichte - Zeugnis der Kultur. Karlsruhe 1984.

Milada Vilimkova, Otto Muneles, Pavel Stecha, Die Prager Judenstadt. Zum Andenken an Dr. Otto Muneles, dessen Nachlaß die Grundlage dieses Buches ist. Text von Milada Vilimkova. Hanau 1990.

S. Ph. De Vries, Jüdische Riten und Symbole. 4. Aufl., Wiesbaden 1986.

Der letzte Weg. Vorschriften, Gebete und Gedanken zum Thema Tod und Trauer. Von Rabbiner Dr. I.M. Levinger, Basel. Basel 1991.

Werner Weinberg, Lexikon zum religiösen Wortschatz und Brauchtum der deutschen Juden. Hrsg. von Walter Röll. Stuttgart 1994.

Rabbiner Dr. Meir Ydit, Kurze Judentumskunde für Schule und Selbstunterricht. Neustadt a.d. Weinstraße 1984.

Gaby Zürn, Der Friedhof der Portugiesisch-Jüdischen Gemeinden in Altona (1611-1902). In: Die Sefarden in Hamburg. Zur Geschichte einer Minderheit. Hrsg. von Michael Studemund-Halevy in Verbindung mit Peter Koj. Teil 1. Hamburg 1994. S. 103-124.

... ein Zeuge sei dieses Steinmal. Jüdische Friedhöfe in Velbert. Eine Dokumentation von Dorothee Stürmer. Velbert [1990].

125 Friedhofsschändungen in Deutschland 1923-1932. Dokumente der politischen und kulturellen Verwilderung unserer Zeit. Zusammengestellt vom Central-Verein Deutscher Staatsbürger jüdischen Glaubens e.V. 6. Aufl. 1932.